中国软科学研究丛书
丛书主编：张来武

“十一五”国家重点图书出版规划项目
国家软科学研究计划项目

中外合资企业合作冲突防范管理

侯贵生　吴士健　尹　华　著

科学出版社
北京

内 容 简 介

合作过程中的冲突防范管理是中外合资企业管理中存在的重点问题。本文在研究合作过程的基础上，构建了合作匹配度分析模型，利用问卷调查与统计分析、合作博弈分析与仿真分析等方法，研究了合作意愿度的影响因素以及各因素的影响程度，在“因素管理”的原则下提出了冲突防范管理措施与相关对策建议。

本书适合企业管理人员和从事管理科学的研究、教学人员以及相关专业研究生参阅。

图书在版编目（CIP）数据

合资企业合作冲突防范管理/侯贵生，吴士健，尹华著．—北京：科学出版社，2009

（中国软科学研究丛书/侯贵生　吴士健　尹华著）

ISBN 978-7-03-023173-4

Ⅰ．合…　Ⅱ．①侯…　②吴…　③尹…　Ⅲ．合资经营-合资企业-企业管理-研究　Ⅳ．F279.244.3

中国版本图书馆 CIP 数据核字（2008）第 157870 号

丛书策划：林　鹏　胡升华　侯俊琳

责任编辑：宋　旭　付　艳　苏雪莲／责任校对：郑金红

责任印刷：赵德静／封面设计：黄华斌

编辑部电话：010-64035853

E-mail：houjunlin@mail. sciencep. com

科学出版社 出版

北京东黄城根北街16号

邮政编码:100717

http://www.sciencep.com

中国科学院印刷厂 印刷

科学出版社发行　各地新华书店经销

*

2009 年 2 月第　一　版　开本：B5（720×1000）

2009 年 2 月第一次印刷　印张：12

印数：1—2 500　字数：242 000

定价：40.00 元

（如有印装质量问题，我社负责调换〈科印〉）

“中国软科学研究丛书”编委会

总序 PREFACE

软科学是综合运用现代各学科理论、方法，研究政治、经济、科技及社会发展中的各种复杂问题，为决策科学化、民主化服务的科学。软科学研究是以实现决策科学化和管理现代化为宗旨，以推动经济、科技、社会的持续协调发展为目标，针对决策和管理实践中提出的复杂性、系统性课题，综合运用自然科学、社会科学和工程技术的多门类多学科知识，运用定性和定量相结合的系统分析和论证手段，进行的一种跨学科、多层次的科研活动。

1986 年 7 月，全国软科学研究工作座谈会首次在北京召开，开启了我国软科学勃兴的动力阀门。从此，中国软科学积极参与到改革开放和现代化建设的大潮之中。为加强对软科学研究的指导，国家于 1988 年和 1994 年分别成立国家软科学指导委员会和中国软科学研究会。随后，国家软科学研究计划正式启动，对软科学事业的稳定发展发挥了重要的作用。

20 多年来，我国软科学事业发展紧紧围绕重大决策问题，开展了多学科、多领域、多层次的研究工作，取得了一大批优秀成果。京九铁路、三峡工程、南水北调、青藏铁路乃至国家中长期科学和技术发展规划战略研究，软科学都功不可没。从总体上看，我国软科学研究已经进入各级政府的决策中，成为决策和政策制定的重要依据，发挥了战略性、前瞻性的作用，为解决经济社会发展的重大决策问题作出了重要贡献，为科学把握宏观形势、明确发展战略方向发挥了重要作用。

20 多年来，我国软科学事业凝聚优秀人才，形成了一支具有一定实力、知识结构较为合理、学科体系比较完整的优秀研究队伍。据不完全统计，目前我国已有软科学研究机构2000 多家，研究人员近4 万人，每年开展软科学研究项目 1 万多项。

为了进一步发挥国家软科学研究计划在我国软科学事业发展中的导向作用，促进软科学研究成果的推广应用，科学技术部决定从 2007 年起，在国家软科学研究计划框架下启动软科学优秀研究成果出版资助工作，形成“中国软科学研究丛书”。

“中国软科学研究丛书”第一批著作即将面世。这套丛书因其良好的学术价值和社会价值，已被列入国家新闻出版总署“‘十一五’国家重点图书出版规划项目”。我希望并相信，丛书出版对于软科学研究优秀成果的推广应用将起到很大的推动作用，对于提升软科学研究的社会影响力、促进软科学事业的蓬勃发展意义重大。

科技部副部长

张来武

2008 年 12 月

前言 FOREWORD

中外合资企业[①]是我国改革开放以来出现的一种特殊的企业形态，至今仍在我国经济生活中占有相当重要的地位，在产业结构演进、企业技术改造以及整体竞争力的提高等方面起着重要的作用。不同行业、不同国籍企业的合资动机有着很大的差异，所组建的合资企业的冲突性质、冲突水平也明显不同。总体来讲，我们的研究发现，国际合资企业内部的合作冲突水平并不是简单地同文化差异度成正比，而是受到更多复杂因素的综合影响。

合作过程中的冲突防范管理是中外合资企业管理中存在的重点问题。本书在研究合作过程的基础上，构建了合作匹配度分析模型，利用问卷调查与统计分析、合作博弈分析与仿真分

① 从一般意义上看，中外合资企业是指“中国企业”与“外国企业”共同组建的合资企业。但是，由于中国香港、澳门、台湾地区是独立的关税主体，我国在政策上一直将中国内地同港澳台企业共同出资组建的合资企业列入政策优惠范畴，给予中外合资企业的待遇。所以，本书在分析中外合资企业合作冲突演变规律以及冲突管理手段时，尤其是在问卷调查以及案例分析工作中，将中国内地同港澳台地区企业共同出资组建的合资企业纳入研究视野，所提到的“外方”也包括中国香港、澳门、台湾地区的企业。

析等方法，研究了合作意愿度的影响因素以及各因素的影响程度，并在“因素管理”的原则下提出了冲突防范管理措施与相关对策建议。本书研究结果的主要创新点如下：

1. 提出并界定了中外合资企业合作匹配度的概念，建立了合作匹配度的计算模型与合资决策模型，分析了合资协议达成的理想匹配条件。

本书从合作过程冲突管理的角度，提出并界定了中外合资各方谈判实力、合作匹配度等概念，在此基础上利用问卷调查等形式分别确定了中外各方单项有效资源的种类，建立了合作匹配度的计算模型与合资决策模型，分析了合资协议达成的理想匹配条件以及谈判实力、合作匹配度在合作过程中的动态变化规律。模型分析表明，合作匹配度越接近于1，各方的谈判实力越均衡，高质量的合资协议便越容易达成，冲突管理的基础也越稳定。

2. 提出了中外合资企业合作过程中合作意愿度影响因素的取值方法。

根据相关性分析的需要，本书在问卷调查的基础上，以层次分析方法为基础，分别确定了政策完善程度、中外方收益满意度、文化差异度、合作匹配度等15个合作意愿度影响因素的取值方法。这一方法较好地解决了外部环境、无形资产、战略收益等一些难于直接获得客观数据的因素的取值问题，为冲突分析以及有效的冲突管理提供了基础。

3. 中外合资企业合作意愿度影响因素的统计分析表明，中方谈判实力变化所引起合作匹配度的动态变化是影响各方合作意愿度的首要因素。

本书利用匹配度分析等方法进行统计分析的结果显示，在中外合资经营企业中，中方谈判实力变化所引起的合作匹配度的动态变化，是影响各方合作意愿度的首要因素，也是冲突防范管理要考虑的首要因素，而文化差异度、收益满意度等对合作冲突水平、合作意愿度的直接影响并不很大。在合作过程中，外方合作意愿度随中方谈判实力的增强而提高，随中方谈判实力的减弱而下降。

4. 统计结果的分析还显示，中方员工待遇与收入满意度对合作意愿度的影响大于中方收益满意度的影响，这是特殊的中方体制造成的。

在规范的企业制度背景下，作为合作主体的各方母公司的收益满意度对合作意愿度的影响程度应该大于各方雇员收益满意度的影响。然而，本书的统计分析结果显示，在中外合资企业中，中方员工待遇与收入满意度对合作意愿度的影响大于中方母公司收益满意度的影响，这是由我国国有企业和集体企业的所有者缺位、产权不清晰等问题造成的“个人收益最大化”现象在合资行为中的体现。研究结果表明：中方应该在合资之前按现代企业的标准对企业进行改制；放开对私营、民营企业的合资限制；中方企业一般不应该整体进入合资企业。

5. 建立了中外合资企业合作过程的图形化表示方法、分类及动态演化分析模式。

本书以各方合作行为为基础，构建了基于合作过程的图形化表示方法。这种方法比一般性描述更好地体现了合作过程的连续性和完整性，既显示了各方的实际选择又体现了备选方案与博弈结果，更有利于对合作事件进行博弈分析和动态演化研究。本书通过示例，表明了合作过程的动态演化分析模式，并将中外合资企业合作过程分为六种类型。动态演化研究结果的分析及验证表明了本书所选用的非完全共同利益群体合作意愿度模型可用于中外合资企业的合作冲突分析与管理。

目　录 CONTENTS

第一章 绪　论

第一节　简析中外合资企业发展状况

截至2001年12月底，我国累计批准外商投资企业390 484家，合同外资金额7459.09亿美元，实际使用外资3954.69亿美元。其中，2001年实际使用国外直接投资468亿美元（钟伟，2002）。据联合国贸易和发展会议FDI/TNCs数据库资料，截至2001年底，我国实际使用外资约占世界FDI流入总量的6%，占全部发展中国家和地区的25%，占亚洲的40%。中国外资存量已位居世界领先位置。如果包括中国香港地区吸引的外资在内，我国合计外资存量位居世界第二。如果按新建投资计算（即排除不增加东道国生产能力的并购），我国自20世纪90年代以来一直是全球最大的外资流入国（詹晓宁，葛顺奇，2002）。迄今为止，合资经营仍是我国利用国外直接投资的最主要形式，“在过去的20年里，合资企业占了中国利用外商直接投资的80%”（毛育新，杨金同，1999）。

然而，在总量和存量大幅度增长的同时，我国利用外资的质量却并不高。总的来看，中外合资经营企业虽然破产倒闭率很低，但总体经济效益水平不高。据统计，只有不到5%的中外合资企业各合作方均达到了其预定的目标，而至少有80%的企业经营状况不理想，“绝大多数企业产品技术更新慢、市场份额低、利润率小，处于难以维持或破产的边缘”（徐艳梅，韩福荣，2000）。笔者在青岛、威海、烟台、上海等地调查的 49 家中外合资经营企业中，只有 6 家企业的中外双方均认为合资动机基本实现（侯贵生，张鹏柱等，2002）。可以说，中外合资企业的整体发展质量是比较低的。

目前，多数研究者尤其是国内研究者往往将中外合资企业发展质量不高的原因归因于国外跨国公司的投资战略存在诸多不利于我国引资战略的实现，我国吸引国外直接投资的政策环境尚不够完善，外资投向的产业结构不尽合理等方面。当然，我们不能一概否定这些观点的正确性，但这些研究者大多是立足于宏观层面，从政府管理的角度进行研究，而较少关注合资企业运行中所存在的问题、健康发展的需要，所以研究很难深入，往往缺乏系统性和可操作性，难于有效地解决问题。

为了深入了解中外合资企业发展质量较低的问题，我们采用访谈、调查问卷等方式对山东省的部分中外合资企业进行了较为详细的考察。在访谈中，中外管理者提出的合资企业中存在的现实问题归纳起来主要有：外方在合资中往往不愿意提供先进的核心技术；外方不愿意利用本方国际销售网络以合理出厂价格销售合资企业产品；双方在合资企业管理方式、用工方式、投资战略等方面经常发生激烈的冲突；多数合资企业最初一段时间合作情况比较好，但总体合作质量呈下降趋势，等等。他们大多将这些问题的出现归因于文化差异、发展水平差异、投资战略差异等方面。我们认为，这些问题实际上是合作质量管理、合作过程冲突管理中的问题。中外合资企业既不同于全资子公司，也不同于管理结构比较完善的股份有限公司，它是一种中外各方共同出资、共同控制的特殊的企业形式。要有效地提高合作质量，必须对合作基础、合作过程、合作冲突进行全面系统的研究。为此，我们以“中外合资企业合作过程及冲突防范管理”为题展开研究，这不仅必要而且可行。

第二节 研究中外合资企业合作冲突防范的必要性与可行性

一 中外合资企业的发展质量直接影响着中国经济整体发展的质量

自1992年以来，我国实行“以市场换技术”的战略，大量企业利用合资的形式进行“嫁接改造”，合资外方的技术投入已经成为我国技术进步的主要来源之一。目前，合资企业进出口贸易已经占我国进出口贸易总额的一半以上。可以说，中外合资企业的发展质量直接影响着我国经济结构调整、经济增长方式转变的实现程度。

二 合资企业的发展需要系统、可操作的理论指导

30年来，我国在吸引国外直接投资总量迅速增长的同时，合资冲突水平也随之提高。目前这一问题已经越来越严重地制约着中外合资企业发展质量的提高，并在很大程度上影响着我国整体合作动机的实现。这种局面的出现，在很大程度上是由于我国尚无系统完整的中外合资企业管理理论。利用外资战略、方式的确定与调整，应该依据本国经济发展的阶段性特征以及企业发展的需要来进行(Durán，Ubeda，2000)。

作为一种各方共同拥有、共同控制的特殊的企业形式，国际合资企业先天性存在着内部合作冲突水平较高的问题。我国特殊的体制、文化等因素使得中外合资企业中这一问题更加突出，我们不得不面对这一现实，又不能简单地用一般意义上的企业管理原则来解决合资冲突问题。在很多情况下，中外各方都希望较好地解决冲突，

但苦于没有系统有效的冲突管理手段而只好放任合资冲突不断升级、合作质量下降，严重者最终导致合作的破裂。所以，全面系统地研究中外合资企业内部各合作方之间合作冲突的变化规律、影响因素、外部环境、冲突管理手段等问题，已经显得越来越必要而急迫。

三 全面深入研究合资冲突与冲突管理的基础已经具备

目前，全面系统地研究中外合资企业合作冲突的基础与条件已经具备，这主要表现在以下两个方面：

第一，20世纪80年代初期以来，现代经济理论、管理理论已经取得了突破性的发展，尤其是冲突管理理论、合作博弈理论、跨国经营理论等领域中取得的巨大成就，使得研究的理论基础越来越完备。

第二，经过20多年的发展，中外合资企业已经有40多万家(仅青岛市就有近万家)。这些企业既有丰富的成功经验，又有大量的失败教训，从而为我们的研究提供了足够的素材。

第三节　国内外研究现状

为拓展生存空间，越来越多的企业选择了合资的方式来进行国际化经营。近年来，国际合资冲突的水平也随之提高，合作状况不理想甚至失败的案例越来越多（Beamish，Delios，1997），企业管理人员和学者也都越来越多地关注国际合资企业成功的条件。在分析合资企业表现不佳的原因时，管理人员大多首先谈到的是合作冲突，具体表现为母公司之间的冲突、母公司与合资企业发展之间的冲突、组织风格之间的冲突，这些冲突经常存在于国际合资企业之中。在一个成功的国际合资企业中，对合作冲突的有效管理是非常重要的。Hyder（1988）的研究表明，50%以上的国际合资行为都存在明显的水平过高的合作冲突。

合资冲突是各方在合作收益的实现受到他方阻碍时的相互反应（Hebert，1994）。

团体间的冲突是不同组织之间形成障碍或不愉快并导致灾难性后果的相互关系（Anderson，1990；Anderson，1984；Robicheaux，1975）。每一个合作方以及管理人员都希望合资企业能够健康地发展并取得理想的收益，不希望这些障碍、不愉快以及灾难性后果的出现。合作冲突削弱了国际合资企业对外部环境的反应能力和适应能力（Hebert，1994），往往使各方母公司不愿意进行高质量的资源投入，形成对成功的制约（Killing，1983）。20 世纪 80 年代的研究者认为，冲突的数量影响着合资企业的表现（Reynolds，1984）。90 年代晚期研究者开始大量进行实证研究（Hebert，1994；Tillman，1990；Habib，1987）。

有效降低合作冲突水平的方法之一在于，寻找特征相似的企业组建国际合资企业，而衡量公司之间相似性的主要标准之一是组织风格相似。有相似组织特征的公司所形成的国际合资企业往往内部冲突水平较低，而且比较容易获得成功（Fey，Beamish，2000）。Litwin 和 Stringer（1968）的研究表明，组织风格是可以度量的组织环境，是人们在工作中可以直接或间接地接触到的、对人们的意识和行为产生影响的各种因素的组合。

著名的社会单位关系稳定控制模型（Mayo，1945）表明，冲突的数量严重影响着组织的表现，所以对冲突数量进行控制是十分重要的。但是，另一些研究者认识到，组织关系中的冲突是客观存在的（Aldrich，1977）。母公司寄希望于在同其他公司的合作中获益，但却不能回避合作冲突的客观存在（Van De Ven A，Walker，1984）。

合作冲突并不是固定不变的，而是处在动态变化中。为描述合作冲突变化的一般规律，Evan 等研究者构建了冲突分析模型（Evan，1967；Pondy，1967；Walton R，Dutton，1969；Schmidt，Kochan，1972；Thomas，1976；Anderson，Narus，1984；Stern et al.，1975）。其中，Pondy 的冲突分析模型得到了普遍认同，他试图整合各种模型，为冲突管理提供有效的工具。

冲突不仅是客观存在的，而且有其合理性（Brown，Day，1981；White，1974）。Pondy（1967）认为，冲突过程包括五个环节：潜伏期、感觉期、掩饰期、显示期、爆发期。在合资行为中，潜伏期往往表现为各方合作目标的冲突。合作目标一般存在比较大的差异，但各方母公司往往没有认识到或者认识不到这种冲突，它们只认识到合作目标是不同的。在感觉期，各合作方都能够感觉到冲突确实存在。在掩饰期和显示期，冲突逐步表面化。在爆发期，各合作方往往表现出激烈的争论，或者冲突得到解决，或者破坏合作（Fey，Beamish，2000）。

但是，一小部分冲突是有益的、建设性的，会带来潜在的合作收益（Assael，1969）。Cosier 和 Dalton（1990）建议，维持适当的建设性冲突水平，可以提高合资企业决策可靠性和经营绩效。

引起合作冲突的常见原因有：对稀缺资源的竞争、合资企业控制权、合作目标不协调、对冲突的理解与承受能力不协调（Perry，Levine，1976；Pondy，1967；Rosenberg，Stern，1971）。如果母公司 A 掌握稀缺资源，B 公司就会约束本方行为降低合作冲突（Hebert，1994；Hyder，1988）。

以往大部分的研究将合资冲突归因于合作目标（Geringer，1986；Simiar，1983）、企业控制权方面的不协调（Simiar，1983；Gray，Yan，1997）以及文化差异（Friedman，Beguin，1971；Geringer，1986；Hyder，1988；Lane，Beamish，1990；Lyles，Salk，1997）。母公司的独立赢利能力过强，会导致合作中投机行为的增加，进而形成

对合作本身的破坏（Williamson，1985；Parkhe，1993）。这些基础性的、环境性的因素都是导致冲突的原因，但母公司之间合作能力、贡献能力的差异是造成合作基础薄弱更为重要的原因（Adler，Graham，1989；Parkhe，1991；Perlmutter，Heenan，1986）。合作基础薄弱导致了合作成本的上升（Whetten，1981）。所以，Evans（1963）认为，相似的母公司之间的合作更可能带来理想的收益（Evans）；Harrigan（1988）认为，文化背景相似、民族背景相近的母公司组建的合资企业更容易取得成功。

Beamish 等研究者认为，尽管合资在国际合作中越来越受青睐，但有相当比例的合资企业并不稳定或是进展情况不好。这种不稳定或不理想状况在发展中国家相对发达国家要高一些（Sim，Ali，1998）。

20 世纪 90 年代中期以来，McDonnell Douglas、IBM、Alcatel、GE、Procter & Gamble Co. 等在中国的合资企业遇到了巨大的障碍，其中部分问题是由中国工业化程度较低造成的。而中国特殊的政治、经济、社会、文化环境是造成这种状况的主要原因（Business Week，1997），以至于合资企业管理者不得不用大量的精力来处理各种各样复杂的管理关系和社会关系。

问题主要来自难于处理中外合资企业内部各方管理人员之间的关系（接受过西方教育的新生代的中方管理人员除外）（Sergeant，Frenkel，1998；Gui，1998；Hu，Chen，1996）。这种关系看似简单，但很多人不能很好地处理（Sergeant，Frenkel，1998）。

当期投资回报率、负债率、各方预期资金周转率、股权回报率、产业成长率、外方在华投资经验、公司总部地理位置、合资企业成立时间，这些因素都能直接影响中外合资企业的收益水平（Louis，Cheng，Joseph，Fung，Lam，1998）。

国际合资企业应该依靠合作过程中收益变化规律的分析解决多

方同时决策的难题，以及解决合资行为中不确定性所带来的风险。合资企业的不确定性主要表现为：第一，未来决策环境的不确定性；第二，在合作过程中，各方对其他合作方的要求也是动态变化的（Levary，Wan Ke，1999）。

在中外合资行为中，主要有五个因素决定着外国公司是否愿意同中国公司合作：国外跨国公司的市场地位、业绩表现；其股权比例要求；中国经营环境状况；中方合作者的业绩表现；合资业务的产业定位（Pan Yigang，Li Xiaolian，1998）。

为在中国建立合资企业，外国管理人员必须经受一个痛苦的适应过程，必须面对从内部合作环境到合作收益冲突等一系列相当严峻的问题和困难。要有效降低合作冲突水平，合作者必须处理好母公司之间的关系、母公司同合资企业的关系、各方管理人员的关系（Sing Keow Hoon-Halbauer，1999）。

迄今为止，研究主要集中在中外双方母公司的关系以及高层管理者之间的冲突关系方面（Killing，1986；Beamish，1988），但是对于各方合作基础、资源提供能力等影响合作关系的因素缺乏系统而有效的研究。

显然，除技术方面的因素以外，如果没有共同的管理、市场、法律、融资等方面的基础，合资企业很难获得成功。国际合资企业是两个或者两个以上不同国家企业共同组建的企业组织，其正常运营、发展仰赖于各方投资战略、组织结构、管理制度、文化、人员素质、收益预期等方面的协调。一个成功的合资企业并不只是依靠母公司之间的协调，更要依赖于合资企业内部良好的管理环境。已有的研究成果关注了合资企业内部管理环境稳定、协调问题，但很少对合作过程中合作冲突的动态变化规律以及成功合作的条件进行系统而有效的研究。

另外，现有的研究成果较多地关注了中外合资企业人力资源管理（Dacin，Hitt，Levitas，1997；Fisher，Turpin，1997；Sergeant，Frenkel，1998），但没有解决降低这一方面合作冲突水平过高的问题。

为建立良好的合作关系，基本思路和主要原则应该是：母公司谈判实力的均衡影响着合作冲突的水平；母公司的控制方式应符合合资企业正常运营的需要；合资企业内部各方主要管理人员之间的误解、缺乏沟通，是造成合作冲突的重要的直接原因（Hoon-Halbauer，1994；Killing，1983；Harrigan，1986；Beamish，1988）。

有研究者对合资企业稳定性的影响因素进行了较为系统的研究，提出“稳定性即整体不变性”，“一个企业要想获得稳定，就必须有对环境变化作出迅速反应并产生相应对策的能力”，还应该具备对其自身不稳定因素的控制能力；内部冲突水平过高造成中外合资企业不稳定性较高，具体表现为技术不稳定、组织结构不稳定、价值观念不稳定。影响中外合资企业稳定性的因素主要有注册资本占投资总额的比例、资金到位情况、工业产权作价和工业产权投资的比例、合同完备率、民族文化和企业文化的差异等（徐艳梅，韩福荣，2000）。

对国际合资企业的不稳定性，Bleeke、Ernst、Porter、Inkpen和Beamish等作了更为深入的分析。Bleeke和Ernst认为，国际合资企业被普遍认为是国外直接投资的主要方式，它实际上是一种联盟。“大多数联盟，即使是成功的联盟，也是会终止的。”国际联盟（即合资企业）“常常被看成是具有内在不稳定性的组织形式”。Porter认为，由于合资企业要协调两个或者两个以上独立实体的经营目标，在协作方面的成本是很高的，它只是一种企业发展过程中的过渡形式（Beamish，1985；Beamish，1993），不能成为创造竞争优势的可持续的手段。因此，合资企业的不稳定性可以定义为“合资伙伴关系的重大转变，这种转变不是事先计划好的，是至少一方合伙人没有事先料到的”（Inkpen，Beamish，1999）。

在中外合资企业中，文化冲突是最普遍、最明显地存在着的一种冲突（Smith，Malina，Lu，1995）。尽管不得不考虑中国本土文化的基础性影响，但在合资企业中企业文化方面外方母公司的影响呈加强趋势（周钟，2001）。在合资企业中，文化冲突是影响合作成败的基础性因素之一，中美研究者对这种冲突进行了大量的研究，取得了一些高水平的研究成果。认为，相当一部分中美合资企业的美方经理“对中方决策者决策风格的评论都是消极的”，“几乎所有中方管理者对美方管理者人品的评论都是消极的”，“相反，美方管理者在这方面对中方管理者却无任何评论”（王二平，吉姆·华尔士，2000）。文化上的冲突与对立，使中美合资企业中各方合作的基础受到削弱。即使是同处于东方文化体系内不同国家间的合资企业，也存在着严重的文化冲突（Warner，1993）。例如，在中日合资企业中，日方员工对中方员工的评价是，“关系主义，回避责任，对公司的忠诚意识较弱，在公司内接受教育后或到日本接受培训后辞职，工作责任心不强”（徐艳梅，2000）。

“中国人担心犯错误，因为他们担心受到惩罚，所以不愿意作记录，为逃避责任和处罚常诉诸贿赂。外方常想用授权的方式激励他们，但中国雇员却不愿意参与。”（毛育新，杨金同，1999）

在对待冲突的态度方面，东西方文化也存在比较大的差异（Warner，2002）。有研究者认为：“在中国，以开诚布公的态度对待管理冲突可能是特别艰难的。长期以来，中国人都被认为具有共产主义的精神和东方群体性，他们认为维持关系是一种崇高的美德。他们为了维持关系而倾向于平息冲突，防止冲突处理过程中的过激行为，以使关系得以延续。”“而具有明显个人主义倾向的西方人则认为，公开而直接地讨论冲突有利于接受对方的立场和观点”，更有利于冲突的解决，也更有利于合作（Tjosvold，2000）。

多数国内研究者将管理模式上的冲突简单地归结为文化冲突。实际上，管理模式本身有很多独立于文化之外的内涵（James，et al.，1999）。在中外合资企业内部，除了存在管理风格上的冲突以外，还存在管理制度、管理体系方面的冲突（Pondy，1967）。“尽管世界发达国家正迈向后现代化管理时代，但我国的企业管理却还依然处于补课阶段。从调查的情况看，我国企业管理不仅需要补现代管理的课，而且还需要补科学管理的课。”“我国企业目前的管理体系大部分建立在过去的计划经济时代，早已经不能适应社会主义市场经济的要求”（李果，关可平，1998）。在管理制度存在层次上差异的两类企业所组成的合资企业内部，存在管理模式上的冲突是一种必然的现象（Child，1991）。具体来讲，中外合资各方管理制度上的冲突主要集中在人力资源管理、决策机制与决策方式、物流与商流管理、研究开发管理等方面（毛育新，杨金同，1999）。

部分研究者对跨国公司的投资战略作了具体的分析。他们认为，外方投资者对华投资战略可以分为浅度一体化和深度一体化两种基本模式。浅度一体化是指“母公司对华投资的主要目的是为了进入我国市场”，也就是“在当地生产，在当地销售”。合资企业与母公司的联系主要是企业控制权和技术来源，企业的产品、市场和配套体系有相对的独立性。“这类企业与国内产业的联系密切，因此技术溢出效应比较明显。”这类企业的投资战略与合资中方企业的战略相容性比较高。深度一体化指合资外方企业是其“母公司全球生产体系中的一部分，与母公司体系有更紧密的联系，除企业控制权和技术来源外，产品、市场和配套体系都与母公司有多方面的深层联系”。这类企业“大多数技术水平较高，有些达到母公司最先进的技术水平，居世界领先地位”，其技术溢出效应较弱（江小涓，冯远，2000）。这类企业的投资战略与合资中方企业的战略冲突性比较高（Sang Chae Choi，Kwang Sun Lim，Pyung Il Yu，2002）。另外，各方合资战略的选择还在很大程度上取决于交易成本与谈判成本的高低（Hennart，1988）。

从各国来华投资战略的分类来看，日本等国公司在华直接投资的目的大多“侧重于劳动力的保证与利用，返销日本，建立国际性生产流通网络”，而不是“获取技术信息和获得市场份额”；而欧美大型跨国公司的对华投资则更加侧重于在中国市场份额的获取（李国平，2000）。

跨国公司根据其自身的全球发展战略、所处行业的特点，充分考虑东道国的区位条件、需求状况、资源状况等方面的因素（Marjit，1990；Agarwal，Ramaswami，1992），来选择其对华投资战略。

为在中国建立合资企业，外国管理人员必须经受一个痛苦的适应过程，必须面对从内部合作环境到合作收益冲突等一系列相当严峻的问题和困难。要有效降低合作冲突水平，外方管理者首先必须处理好各种合资企业内部关系（Sing Keow Hoon-Halbauer，1999）。

虽然国内外学者越来越多地关注中外合资经营中的冲突，并且取得了大量研究成果，但在理论基础、研究视野、研究方法等方面还存在以下几个方面的缺陷。

1. 研究的理论基础还较薄弱

长期以来，国内外学者研究中外合资经营冲突所依据的主要理论基础是跨国经营理论，并未充分有效地利用当代经济理论和管理理论的成就（如冲突管理理论、合作博弈理论、系统理论等），从而制约了研究成果质量的提高。

在我国经济的转型与调整时期，中外合资经营行为虽然与政府行为有密切的联系，但它更主要地是一种企业行为。对合资企业的研究仅仅依靠跨国经营理论作经济分析是远远不够的，我们还必须从合资企业健康发展的角度研究其内部的治理结构和合作机制，必须使研究成果具有科学性和可操作性。

近一二十年来，欧美的冲突管理研究已取得了显著的成就，理论体系越来越完善，高质量的研究成果越来越多，为我们更好地研究和管理国际合资冲突提供了有效的理论依据。传统的管理理论认为，冲突的出现表明群体内的功能失调，应该避免冲突。20 世纪 70 年代中晚期以来，欧美学者对冲突进行了更为深入的研究，形成了现代冲突管理理论。该理论认为，“认为冲突都是好的和都是坏的的看法显然并不恰当也不够成熟。冲突是好是坏取决于冲突的类型”。Stephen P. Robbins 认为，冲突可以分为功能正常和功能失调两种基本类型。功能正常的冲突（functional conflict）是具有建设性的、利于组织发展的冲突，功能失调的冲突（dysfunctional conflict）是具有破坏性的、不利于组织发展的冲突。冲突水平过低或者过高都不利于组织的发展，“管理者维持一种冲突的最低水平，这能够使群体保持旺盛的生命力，善于自我批评和不断创新”（斯蒂芬·罗宾斯，1997）。依此，我们应该对中外合资冲突重新进行审视，应该对冲突的类型、冲突的原因、冲突的作用、冲突的演变、冲突的管理等进行更加科学、更加系统的研究。

2. 对合资冲突的研究缺乏系统性和完整性

在中外合资经营企业内部，实际上存在着合作动机、管理模式、企业控制权、出资方式、文化与观念、营销渠道与营销方式的选择等方面的冲突。然而，迄今所进行的研究大多将这些冲突简单地归结为文化上的冲突。很明显，仅从文化的角度不可能全面、有效地解决合资企业内部冲突水平不合理的问题，更不能使合作质量全面提高。我们应该有效地管理冲突，但不能否认，国际合资企业内存在着一些有益的冲突（Fey，Beamish，1999）。冲突贯穿合资的全过程，我们只有全面、系统、客观地研究合资全过程中各种各样的冲突，才能有效地管理冲突，才能全面提高合资质量。

3. 缺乏有效的冲突解决方法

我们研究冲突的目的不应该是消弭冲突，而应该是有效地管理冲突。冲突是不可避免的，是客观存在的。按照现代冲突管理理论和企业组织发展理论，完全消弭管理中的冲突不仅不可能而且也不合理。没有合理的冲突水平，中外合资企业就不可能健康稳定地发展。迄今为止，多数研究者，尤其是国内研究者尚未将中外合资经营中的冲突进行合理的定位。

总体来看，目前的研究成果还具有明显的片面性、主观性和不可操作性，还不能全面、系统、有效地管理合资经营中的冲突。

对于合资经营中的文化冲突，多数研究者的解决方法是培训、文化融合、外方管理人员本地化等（杨素稳，1999；Tjosvold，2000）。实践证明，培训只能解决一部分问题；外方管理人员的本地化操作起来往往难于把握：过分本地化会使外方的投资战略难于实施，本地化程度不足又容易造成合资企业内部文化冲突水平过高；文化融合需要一个相当漫长的过程，需要有经济上的基础。所以，文化冲突水平过高等问题的解决还有赖于合资动机的合理对应、各合作方优势的互补以及合资动机的实现程度等方面。

对各方合资战略、合资企业控制权等方面冲突的有效管理则要依靠合作机制的合理设置。只有依靠合作机制，才能有效地管理冲突（席酉民，2000）。缺乏冲突研究基础上的系统的、可操作的合作冲突管理手段，是中外合资企业内部冲突水平不合理的基础性原因。

4. 对合资企业本身的特殊性及稳定性认识不足

合资企业是一种不规范的、特殊的企业形态。"'合营'（joint venture）并非规范的法律概念。"众所周知，"市场经济国家规范的企业组织形式有三类：独资企业、合伙企业和公司，合营企业并非这三类企业之外自成一类的企业形式，而是对传统企业形式的变通"、"合营公司运作的最大难点在于它不能完全依据公司法所确定的资本多数决制来进行，母公司对合营企业的'共同支配'具有使母公司任何一方都不得拥有优于另一方的地位"。正是由于这种相互牵制、相互约束的关系，日本学者将合营公司称为“合营者的共同子公司”，以区别于一般意义上的母、子公司关系。“这种提法本身就体现出各方对合营公司的共同控制的特点。”（聂卫东，1999）

一些研究者明确指出，合资公司不是全资子公司。国际合资企业的特殊性严重影响着其内部的经营方式、业绩、股票价格（Min, et al., 2001），影响着合作冲突的水平与合作成本（Hennart, 1988）。

合资企业的这种特殊性使得其内部先天性地存在冲突水平较高、不稳定性较高的特点，这在国际范围内是一个具有普遍性的难题。能够长期稳定发展的国际合资企业是极其少见的（Kogut, 1988），但它又是国际直接投资的一种主要形式，在相当长的时期内注定会存在下去。所以，合资实际上主要是各合作方母公司长期发展过程中的一种阶段性战略手段。合资成功与否不仅取决于各合作方直接收益的大小，也不单纯取决于合资企业的稳定程度与稳定时间的长短，而主要取决于各方合作动机的实现程度以及合资企业对各方母公司发展贡献的大小。将研究目标集中在合资企业的长期稳定上既不合理也不现实。我们应该更多地关注在合作期内如何使合资企业相对稳定，如何更好地实现各合作方的合作动机。

5. 对于合资企业内部冲突的动态性变化机理以及环境适应性缺乏全面的研究

在合资的全过程中，各合作方为对方所依赖的合作优势（即所谓谈判实力）并不是一成不变的，由此造成其内部冲突的动态性。迄今为止，多数国内研究者尚在静态地分析合资企业的内部冲突；一些西方学者虽然关注冲突的动态性，但对其动态变化规律缺乏全面、系统的研究。这种状况使有效的冲突管理手段难于实现。

多数研究者对中外合资企业的研究都是基于外部环境相对稳定的假设。实际上，中国经济、社会正处于转型与调整时期，国内市场规模、需求质量、经济资源的数量和质量、政治经济体制、对外资企业的政策等各个方面都处在动态变化之中（李会明，2001）。就是说，中外合资企业所处的外部环境实际上并不是稳定的，而是处在动态变化之中。不充分考虑外部环境的动态性以及合资企业对外部环境的适应性，对其内部冲突及合作机制等方面的研究必定是残缺的、可操作性较差的。

目前，中外合资经营的外部环境正发生着深刻的变化，我们在研究合作过程与冲突防范管理等问题时应该将宏观、中观研究同微观研究相结合，将其内部冲突研究与外部环境的研究相结合，将理论研究、实证研究相结合，以全面提高研究成果的实用性。

第四节　本书的研究思路和结构组织

一 本书的研究思路

（一）合作匹配条件分析

基于各方谈判实力状况的合作匹配度，是决定合资协议是否达成、合作冲突水平、合作质量的基础性因素。Bleeke、Ernst、Porter等研究者分析了各合作方谈判实力状况对合资企业稳定性的影响，但没有科学地界定谈判实力这一概念，严重制约了更深入研究的进行。本书提出，谈判实力是某一方所拥有的、为其他合作方以及合资企业发展所需要的有效资源的数量，是各合作方对合资企业的贡献能力。本书提出并界定了合作匹配度的概念：合作匹配度是指各合作方所拥有的有效资源的价值总量之比，是各方满足对方需要的能力的匹配程度。在此基础上，本书通过问卷调查分别确定了中外各方单项有效资源的种类，建立了合作匹配度的计算模型。模型分析表明：合作匹配度越接近于1，各方的谈判实力越均衡，高质量的合资协议越容易达成，合作的基础越稳定，并通过实证研究验证了这一结论；合资企业成立之后，各方谈判实力始终处于均衡与失衡的交替变化之中，由此造成合作匹配度的动态性变化，进而影响着各方对合资企业的控制权与合资收益的大小。合作匹配度概念的提出与界定、计算模型的建立以及对合资协议达成的理想匹配条件的分析，为深入研究合作过程中合作冲突水平与各方合作意愿度的变化规律、冲突防范管理手段等问题奠定了坚实的基础。

（二）建立中外合资企业合作过程的图型化表示方法、分类及演化模式

在一个孤立的博弈行为中，各方主要基于本方的现实收益选择最有利的行为方案；在合作过程的多次博弈行为中，各方不仅要考虑现实收益，更要考虑未来的合作收益、战略收益，所以单项博弈行为中的最优选择并不一定是多次博弈的最优。以各方合作行为为基础，本书构建了基于合作过程的图型化表示方法。构建这种图型的主要原则为：将一个完整案例制作成一个图型；每个图型中均包括多个合作事件，起点是中外合资各方企业名称，终点是调查期内或者合资企业存续期内最后一个合作事件的博弈结果；每一个图型中有左右两列，分别代表中方与外方的合作行为；每一相对应的横排结构为合作过程中的一个事件，分别表示一方的合作行为或冲突行为与另一方的反应；在每一事件中，针对合作或冲突问题分别设计出各合作方的多个备选方案，箭头指向的是实际选择方案；每一合作事件之后用一直角长方形文本框说明该事件的博弈结果。不同合作事件之间按时间先后顺序，用实线箭头由本方上一事件中的实际选择指向下一事件中的实际选择。从各方实际选择方案与备选方案的对照中，我们可以更好地确定各方对合作的态度、合作意愿度、对合作冲突的忍耐度等指标，更好地认识合作冲突、管理合作冲突，

有效提高合作质量。这种图型化表示方法比一般性描述更好地体现了合作过程的连续性和完整性，既显示了各方的实际选择，又体现了备选方案与博弈结果，更有利于对合作事件进行博弈分析和演化研究。

本书通过示例，将中外合资企业合作过程分成六种类型：中方谈判实力下降型、外方谈判实力下降型、双方均“耍小聪明”型、初始合作匹配程度较低型、合作中止型、外方绝对优势型。设计了每种类型合作过程的演化分析模式，并引用非完全共同利益群体合作意愿度模型，分别对六种合作博弈过程的典型案例进行演化分析。

（三）提出中外合资企业合作过程中各方合作意愿度影响因素的取值方法并进行相关性分析

根据相关性分析的需要，本书在问卷调查的基础上，以层次分析方法为基础，分别确定了政策完善程度、中方收益满意度、外方收益满意度、文化差异度、合作匹配度、合同完备率、中方谈判实力的变化程度、外方谈判实力的变化程度、中方母公司的国际合作经验、行业竞争程度、中方员工待遇与收入满意度、外方员工待遇与收入满意度、中方管理者素质状况、外方管理者素质状况、中方企业受传统体制的影响程度等 15 个合作意愿度影响因素的取值方法。这一方法较好地解决了外部环境、无形资产、战略收益等一些难于直接获得客观数据的因素的取值问题，为全面分析经济、非经济、外部环境等各方面因素对合作意愿度的影响程度提供了条件。

通过相关性统计分析，确定影响各方合作意愿度变化的主要因素，验证假设，为冲突分析以及有效的冲突管理提供基础。

（四）分析确定中外合资企业合作意愿度的影响因素的统计

本书利用匹配度分析等方法进行统计分析的结果显示，在中外合资经营企业中，中方谈判实力变化所引起的合作匹配度的动态变化，是影响各方合作意愿度的首要因素，也是冲突防范管理要考虑的首要因素，而文化差异度对合作冲突水平、合作意愿度的直接影响并不很大。出现这种情况的原因在于，在中外合资经营企业中，随着外方本地化程度的增强，其技术、资金、品牌、经营、管理等方面所带来的综合谈判实力呈增强趋势。如果没有本地化支持之外的新的谈判实力的培育，中方对合资企业的贡献能力呈下降趋势。在合作过程中，中方谈判实力与外方合作意愿度呈同向变化趋势。也就是说，外方合作意愿度随中方谈判实力的增强而提高，随中方谈判实力的减弱而下降。

这一统计研究的结果为中方企业进行有效的冲突管理、提高合作动机的实现程度找到了明确的切入点。本书利用问卷的形式对这一研究结论进行验证。

二 本书的结构组织

本书第二章是"合资谈判过程中的决策模型"，首先界定了合作匹配度与各方谈判优势的概念，分析了各方合资之前谈判过程中的决策过程，分别建立了各方对其他合作方所拥有的优势资源的价值评估模型与合作匹配度的计算模型（合资决策模型）；主要研究了合资协议达成、合资企业稳定发展以及进行有效合作冲突管理的前提条件；依据问卷调查的结果，分别确定中外双方在合资决策过程中为对方所需要的有效资源的种类，并选择典型案例计算各合作方之间合作匹配度的高低，分析其对合作质量、合作过程中各方合作意愿度变化趋势的影响。

本书第三章是"中外合资各方合作意愿度演化研究模型分析"，在国内外研究成果的基础上，分析了中外合资各方合作冲突及合作意愿度的变化是由合作历史记忆、本方主要合作动机、未来收益预期、对其他合作方合作态度与贡献能力判断等因素共同决定的，是一个互动的合作博弈过程。为系统研究各方合作冲突的变化过程以及合作意愿度的变化情况，我们建立了中外合资企业各方合作意愿度变化过程的图型化表示方法，将中外合资企业合作博弈的过程分为六种类型，分析了基于成员特征及历史信息的群体合作动态演化迭代模型适合于中外合资各方合作意愿度动态变化的分析与预测、控制。

本书第四章是“中外合资各方合作意愿度演化分析的实证研究”，依据访谈以及问卷调查的结果，设定动态合作关系影响因素的取值方法，设置了中外方零记忆合作意愿度、中外方预期收益、群体合作各方收益、中方合作外方不合作时的各方收益、中方不合作外方合作时的各方收益、群体冲突各方收益等变量。引用合作意愿度动态演化迭代模型，分别对六种合作博弈过程的典型案例进行了动态演化分析。最后，我们进行的统计检验证明了合作意愿度动态演化迭代模型的使用以及分析结果是合理而可靠的。

本书第五章是“合资中外方合作意愿度影响因素的统计与分析”，根据统计分析的需要，在问卷调查的基础上，以层次分析方法为基础，提出了合作意愿度影响因素的假设，设置了 15 个因素的取值范围与取值方法；依靠相关性分析的方法对假设进行了验证，计算出了各因素与中外合资企业各方合作意愿度的相关系数，分别确定了中外方合作意愿度的主要影响因素。

本书第六章是“合作过程中的冲突防范对策与冲突管理措施”，在以上各章研究结论的基础上，分别为中外方企业、我国政府部门提出冲突防范、冲突管理、外部环境完善等方面的对策建议。在中外合资企业的冲突防范管理措施中，我们主要强调因素管理。

第二章 中外合资各方谈判过程中的决策模型

在国际合资协议正式达成之前，中外合作各方都存在一个是否合资的决策过程（Adler，Brahm，Graham，1992）。各方之间谈判实力的匹配程度（合作匹配度）是决策者首先需要考虑的主要因素。合作匹配度是决定各方合资协议是否达成、合作冲突水平、合作质量高低的基础性因素。Bleeke、Ernst、Porter 等研究者分析了各合作方谈判实力状况对合资企业稳定性的影响，但没有科学地界定谈判实力这一概念，更没有分析其匹配程度对合作冲突的影响，没有对各方合资决策过程进行系统分析，从而制约了更深入研究的进行。本书提出并界定了合作匹配度的概念，建立了各方合资决策模型以及合作匹配度的计算模型，分析了合资协议达成的理想匹配条件，为深入研究合作过程中合作冲突水平与各方合作意愿度的变化规律、冲突防范管理手段等问题奠定了理论基础。

第一节　合作匹配度与谈判实力的概念

在国际合资企业成立之前，各合作方的决策首先是基于对其他合作方所拥有的各种经济资源的价值判断。这种判断一般带有强烈的主观性，实际上是一方对其他合作方所拥有的、对本方合作动机的实现有用的各种资源的价值判断。其价值量越大，说明对方满足本方需要的能力越强，也就是对方对合资企业的贡献能力越强，在合作之前的磋商中以及合作过程中的谈判优势就越强。当这种价值总量能够达到各合作方的预期水平时，各方都对对方满意或者比较满意，合资协议就比较容易达成，进行高质量资源投入的可能性也就越大。

谈判实力的核心是某一方所拥有的、为其他合作方以及合资企业发展所需要的有效资源的充裕程度，它是各合作方对合资企业的贡献能力。合作匹配度是指各合作方所拥有的有效资源的价值总量之比，是各方满足对方需要的能力的匹配程度。理想的合作匹配度水平是成功合作的基础，可以降低合作成本、增加合作收益（Anderson，Gatignon，1986）。

如果合作匹配度较差，即使短期合作收益较高，其整体、长期合作质量也会比较低。各合作方谈判中的决策过程如图 2-1 所示。

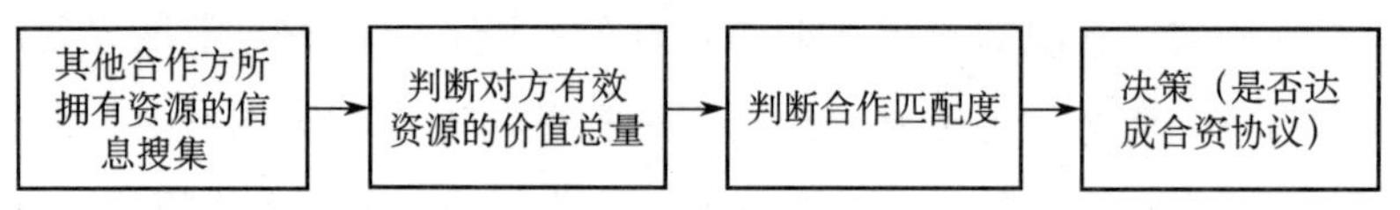

图 2-1　合资谈判中的各方决策过程

之所以说各方对对方所拥有的有效资源的价值判断一般带有强烈的主观性，其原因主要有：

第一，各方对其他国家或地区合作方拥有的各种资源信息的搜集工作困难重重，很难搜集到完整、准确的信息（Agarwal，Ramaswami，1992）。

第二，这种价值判断是对对方所拥有的、对本方合资战略实现有用的资源价值总量状况的判断，应该依据本方的需要程度来评估，并不是对其市场价值的判断。这种判断本身就带有强烈的主观性。

尽管带有明显的主观性，但是对合作匹配度的判断是任何一个合作方进行合资决策时都不能回避的。只有比较明确地判断出“我是否符合对方的要求、对方是否符合我的要求”时，才能够进行决策。比较高的合作匹配度是成功合作的基础性条件。在现实的国际合资行为中，并非拥有同样合作目标的合作伙伴就一定能够取得合资的成功（Walsh et al.，1999）。

在现实的合资行为中，中外各方谈判实力的均衡并不是一成不变的，总是处于均衡与失衡的交替变化之中。在很多情况下，在合资之前的谈判过程中以及合资之初的一段时期中，各方之间的合作匹配度是比较高的。但随着合作期的延长，各方的谈判实力往往会逐渐失衡，合作匹配度水平也会逐渐发生变化。比如，随着合作期的延长，外方的文化适应能力和本地化支持能力也会逐步提高，中方在这一方面的谈判实力一般会随之下降。在成功的国际合资企业中，各方都应该不断提高对合资企业的贡献能力（Hyder，Ghauri，2000；薛求知，2000），应维持合作双方谈判实力的均衡或比较均衡的状态，至少不能使本方的综合谈判实力出现明显下降。如果失衡达到一定的程度，谈判实力更大一方的合作意愿度就会急剧下降到负数（对合作失去兴趣），合作就很可能中止。

在国际合资经营企业（international equity joint venture）中，各方谈判实力的强弱往往会影响着本方对合资企业的控制能力，甚至影响本方收益。

第二节　合资各方谈判过程中的价值评估指标体系及计算方法

一　合资各方有效资源的问卷调查及分析

合资各方所拥有的各种经济资源，并不全都能为实现其他合作方投资战略所需要。为分别获得各方为他国合作伙伴所需要的主要资源（我们称之为合资有效资源）的种类，我们以青岛市为主，在山东省范围内选择了部分典型中外合资企业进行问卷调查（问卷见本书附录 2），总计发放问卷 85 份，回收 57 份（其中有效问卷为来自 13 家合资企业的 28 份）。我们调查的中外合资企业主要包括制药、食品、纺织品服装、机械制造等领域的制造业企业；受访人士分别为参与合资决策以及合资企业日常经营管理决策的中外方高级管理人员（一般为总经理或副总经理），其中中方管理人员 16 人，外方管理人员 12 人。对问卷调查的统计分析结果见表 2-1。

表 2-1　中外各方合资有效资源种类表　　单位：人

序号	有效资源种类	外方 12 人对中方合资有效资源的选择	中方 16 人对外方合资有效资源的选择
1	本地化支持能力	11	0
2	对新技术和新工艺的消化吸收能力	9	1
3	品牌价值	7	15
4	高素质员工数量	8	12
5	管理水平	9	9
6	设备状况及生产能力	7	3
7	新技术和新产品的开发能力	3	15
8	营销能力	3	14
9	资金实力	2	13
10	其他	8	12

依据表 2-1 的调查结果可知，12 位外方管理者认可比例最高的六种中方合资有效资源依次是：本地化支持能力（91.67%）、对新技术和新工艺的消化吸收能力（75.00%）、管理水平（75.00%）、高素质员工数量（66.67%）、品牌价值（58.33%）、设备状况及生产能力（58.33%）；16 位中方管理者认可比例最高的六种外方合资有效资源依次是：新技术和新产品的开发能力（93.75%）、品牌价值（93.75%）、营销能力（87.50%）、资金实力（81.25%）、高素质员工数量（75.00%）、管理水平（56.25%）。

调查结果显示，表 2-1 中所列中外双方各种单项资源在价值评估总量中所占的权重总和大约为0.85，其余为一些离散性较大的资源，各方管理人员对其认可比例均不超过15%（在研究中忽略不计）。

需要说明的是，以上是对改革开放以来中外合资行为研究所得出的整体性结论，并不完全直接适用于每一个单个合资企业与合资行为。在现实的合资行为中，中外方企业的主要合作动机并不完全相同，各方对他方合资有效资源的需要及价值判断也会有很大的差异。另外，一方对另一方合资有效资源的评估值并不完全等同于其市场价值，而是根据本方合资战略的需要所作出的主观性很强的一种价值判断。而且，这种判断大多是在信息不对称、信息不完全的条件下作出的。尽管如此，这种判断在任何一个国际合资行为中都客观存在，是合资决策的前提条件。

二 中方的合资有效资源

在外方管理人员的评价中，中方的有效资源主要有：

(1) 本地化支持能力（VA^m）。20世纪70年代末期以来，尽管中国开始了全面的改革开放，但投资和发展环境仍与西方国家存在很大的差异：在经济运作方式、政府调控方式、企业竞争形式等方面仍受传统计划体制的影响；同时，我国外资主体大多来自于市场经济发展程度较高的欧美、日本、韩国、中国香港、中国台湾等国家或地区。由于对中国特殊的政治经济体制以及特殊社会文化的不适应性，在进入中国或者进入中国某地区之初，多数外方迫切需要中方提供本地化支持，需要中方具备比较强的本地化支持能力（侯贵生，张朋柱等，2002）。一般来讲，当地企业的“本地化知识”是外国企业所不具备的，或者说是难以在短时间内掌握的，所以“合资的形式在最初的一段时间内是一种理想的选择”（侯贵生，张朋柱等，2002）。所谓本地化支持能力是指处理与当地政府关系等各种外部关系、充分利用本地优势资源（如自然资源、廉价劳动力资源等）、依托本地文化管理企业员工、掌握当地市场信息等方面的能力。

外方对中方本地化支持能力的评估主要依据中方企业同本地各级政府的关系状况、拓展与维持客户关系的能力、有效管理中方员工的能力等方面判断。

（2）对新技术、新工艺的消化吸收能力（VB^m）。在中外合资企业中，外方大多具备新技术、新产品方面的优势，而且一般都以专利技术、专有技术、新配方、新设计等作为其出资的一部分，很少有依靠中方技术进行经营的。因此，对于合资外方来讲，中方具备较好的技术基础，可以消化、吸收外方所提供的新技术、新工艺，更好地保障合资收益。

合资外方对中方新技术、新工艺消化吸收能力的评估，主要依据中方企业主流技术工艺的先进程度、引进技术的水平及利用情况、技术人员的数量与水平等方面来判断。

（3）品牌价值（VC^m）。进入中国市场是国外投资者在华投资的主要动机之一。为了能在较短时间内取得中方企业原有的市场，外方往往希望中方拥有优秀的品牌。如果外方本身不具备优秀的品牌，来华投资仅以获取直接经济利润为主要动机，中方的品牌价值对它们来说就更加重要了。

外方对中方品牌价值的评估主要依据品牌知名度、国内市场占有率、销售额以及赢利能力等状况来判断。

（4）高素质员工的数量（VD^m）。尽管多数外方投资者来华投资动机偏重于廉价劳动力的利用，但中方高素质员工数量是其在华合资企业健康运营、发展的基础。对于合资企业新技术及新产品开发、质量控制、市场营销等方面的工作来讲，员工素质都是至关重要的基础性因素。另外，高素质的中方员工，尤其是中高层管理人员，是缓解合作冲突与文化冲突的重要因素。如果中方高素质员工的数量比较多，合资企业的发展空间与发展潜力往往就比较大。

外方对高素质员工数量的评估主要依据中方管理人员、技术人员、熟练工人、营销人员的学历、职称、工作经验、业绩等方面来判断。

（5）管理水平（VE^m）。由于市场化程度较低、受传统体制影响程度较高等原因，管理水平较低是造成我国企业竞争力低下、效益不高的主要因素之一。对于外方合作者来说，与管理水平较高的中方企业合作，更有利于缓解合资冲突，提高合作质量。如果中方企业管理水平较低，合资成功的可能性就很小。

外方对管理水平的评估主要依据中方企业各项管理制度的完备程度与执行情况、员工的精神面貌与满意程度、员工对企业的忠诚度、产品质量状况、财务状况等指标来进行判断。

（6）设备状况及生产能力（VF^m）。利用中方已有的设备及生产能力，实现本地化生产，可以使外方投资者减少投资风险、缩短投资周期。在现实的合资行为中，中方以原有机器设备作为出资的比例很高。因此，如果中方用于出资的设备状况良好、生产能力很强，不仅可以缩短投资周期，而且可以使合资企业的产品质量和供给能力得到保障。

外方对中方设备状况及生产能力的评估主要依据中方企业主要设备的技术水平、使用年限、维护状况、可利用生产能力占国内本行业供给能力的比重等指标确定。

三 外方的合资有效资源

对中方来说，外方的有效资源主要有：

(1) 新技术和新产品的开发能力 (VA^k)。自 20 世纪 90 年代初期到 21 世纪初期，“以市场换技术”成为我国利用国外直接投资、推动产业结构调整的战略性举措。对于中方企业来讲，其主要合资动机之一就是获得先进技术与工艺 (Demirbag, Mirza, 2000)。所以，对于以引进先进技术为主要合资动机的中方企业来讲，外方的新技术和新产品开发能力是非常重要的合资有效资源，认可比例达到 93.75%。

中方对外方新技术、新产品开发能力的评估主要依据其主流产品核心技术与工艺在国际范围内的先进程度、有效专利与专有技术的数量、技术创新战略与持续技术创新能力等因素来判断。

(2) 品牌价值 (VB^k)。对于转型中的中方企业来讲，无论是在国内同行业企业竞争还是拓展国际市场，最缺乏的竞争因素之一就是具有国际影响力的品牌。拥有优秀品牌的外方合作伙伴可以帮助中方企业培育自有品牌、拓展生存空间。因此，寻找品牌知名度较高的外方合作伙伴往往是相当一部分中方企业提高自身竞争能力的战略性手段。

中方决策者对外方品牌价值的判断主要依据其合资产品的品牌评估值、国际市场地位等因素来确定。

(3) 营销能力 (VC^k)。相当一部分中方企业拥有较大的生产、制造、加工能力，产品质量与价格都具有竞争力，但缺乏完善有效的营销网络与营销技巧是制约中方企业发展的主要因素之一。借助合资的形式、利用外方的国际营销网络拓展国际市场空间，是相当一部分中方企业的主要合资动机之一。因此，中方决策人员对外方的营销能力认可比例高达 87.50%。

中方对外方营销能力的评估主要依据其国际市场份额、营销网点数量、销售增长率等指标来确定。

(4) 高素质员工的数量 (VD^k)。对于中方企业来讲，高素质的外方员工可以缓解合作冲突与文化冲突，推动合资企业健康运营、发展。在此，员工素质既指其技术水平与管理水平、敬业精神，更指其跨文化适应能力与管理能力、协作能力。

中方对高素质员工数量的评估主要依据外方管理人员、技术人员、营销人员的学历、职称、海外工作经验、业绩等方面来判断。

(5) 管理水平（VE^k）。长期的计划经济体制使中方企业的管理水平大多不能完全适应市场经济环境的竞争需要。因此，选择管理水平较高的外方合作伙伴，既可以缓解合资决策、管理、文化等方面的冲突，又可以使中方管理人员学习先进而有效的管理技巧与经验，提升合资企业及中方母公司的发展空间。外方的管理水平既包括生产、营销、财务、研究开发等方面的管理，也包括跨国企业管理、冲突管理等方面的内容。

中方对管理水平的评估主要依据外方境外企业的经营状况及业绩、企业各项管理制度的完备程度与执行情况、员工的精神面貌与满意程度、员工对企业的忠诚度、产品质量状况、财务状况等指标来进行判断。

(6) 资金实力（VF^k）。我国金融体制、银行经营体制等方面的改革尚未到位，生产企业大多资金实力较弱，国内融资环境与融资能力较差，相当多的企业在扩大经营规模、实现产品与技术更新换代方面资金缺口非常大。因此，寻找资金实力较强的合资伙伴是解决中方企业资金短缺问题的有效途径之一。另外，资金实力较强的外方合作伙伴既可以保证所投入资金的及时到位，又可以保证以后增资时的投入能力。

中方对外方资金实力的评估主要依据其注册资金、股票市值、营业额、利润率、融资渠道的稳定与有效程度等指标来判断。

四 各方合资谈判过程中价值评估指标的计算方法

如前所述，对其他合作方合资有效资源（合资谈判过程中的价值评估指标）的选择与判断带有很强的主观性，而且因合作动机、合作环境的差异而不同，因此各单项资源的取值与计算主要使用决策者评价的方法进行。

在合资谈判的决策过程中，各合作方在得到对方各种资源状况有效信息的基础上，选择参与合资决策过程的高级管理人员至少有 3 人，依据本方主要合作动机以及对方资源信息，判断对方有效资源状况对本方需求的满足程度。

依据我们所进行的问卷调查，对其他合作方每种单项资源的最高评估值为 1，最低为 0：一方对另一方的某项资源状况完全满意则评估值为 1，大于 0.8 为高满意度，大于 0.5 小于 0.8 为一般满意度，小于 0.5 为低满意度。

取本方决策人员对对方各种单项资源判断数的均值，即为该项资源的本方价值评估值。

第三节 合资谈判过程中的价值评估模型

设各合资方对其他合作方所拥有有效资源的价值总量评估值为 V，各种单项资源的价值总量评估值分别为 VA、VB、VC、VD、VE、VF，则合资各方谈判过程中的价值评估模型为

$$V = a\mathrm{VA} + b\mathrm{VB} + c\mathrm{VC} + d\mathrm{VD} + e\mathrm{VE} + f\mathrm{VF} \qquad (2\text{-}1)$$

如前所述，在该模型中，VA、VB 等变量的经济含义并不是固定的，从中方与外方的不同角度来看，每一变量都有不同的含义，分别表示各方对其他合作方所拥有的、为本方投资战略的实现以及

合资企业健康发展所需要的有效资源的价值量评估值。

其中，a、b、c、d、e、f 为各种单项资源在评估中所占的权重系数。这是因为，对于中外双方来讲，由于各自的合作动机、发展基础等方面存在较大差异，对其他合作方所拥有资源有效程度的判断也往往不同。比如，中方认为有效程度很高的资源对外方来讲未必很高。所以，这些有效资源的种类及经济含义在不同国家、同一个国家的不同发展阶段以及各合作方来讲往往存在很大的差异，需要在不同时期内利用问卷调查、专家评价、统计分析等方法分别确定。

这里我们所说的各种单项资源的价值总量评估值并不是一般意义上有形资产与无形资产的市场价值，而是指每一合作方对其他合作方所拥有有效资源的价值评估值。这种评估主要是从本方的稀缺程度、对本公司发展的重要程度等方面确定对方有效资源的充裕程度。比如，某种市场评估值为 100 万美元的中方资产，在外方的评估中可能低于 100 万美元，也可能高于 100 万美元。只有对其他合作方有效资源的价值评估总量达到本方预期标准时，该方才会作出合资的决策。所以，各方所拥有的各种单项资源的价值总量评估值应该通过问卷调查方式由其他合作方的主要合资决策人员给出。

每方所拥有的各种单项资源在其他合作方的评估总量中所占权重是各不相同的，也要通过问卷调查、专家访谈等方式由其他合作方的主要合资决策人员判断确定。一般来讲，调查或访谈对象应分别为 3 名以上各合作方参与合资决策的高级管理人员，计算每项资源的均值作为评估值。

从理论上讲，各种单项资源的权重系数之和应该等于 1，但在实际计算中往往小于 1。这是因为，前述六种单项资源并不是一方所拥有的全部经济资源，而只是其中最主要的部分。在正常的、非投机性合资行为中，在企业所拥有的各种经济资源中，无形资源往往被其他合作方尤其是外方所看中，而各种有形资源（如机器、设备、厂房、配件等）的评估值则较低。

在现实的合资行为中，各种单项资源的价值评估总量实际上是一个加权数。所以，我们在中外双方的价值评估模型中分别加上六个权重系数：a^m、b^m、c^m、d^m、e^m、f^m，a^k、b^k、c^k、d^k、e^k、f^k。

在不同的合作动机下，各种单项资源的权重是不一样的。比如，中方如果以引进先进技术为主要合作动机，那么外方的新技术和新产品开发能力（VA^k）所占的权重就会比较大；如果中方以开拓国际市场为主要合作动机，那么外方所拥有的品牌价值（VB^k）、营销能力（VC^k）所占的权重就会比较大。所以，我们无法统一给定这些权重，而要依据每个合资案例中不同的合作动机以及各种环境条件的差异，通过访谈、问卷调查等形式确定这些权重系数。多人访谈时，我们取每位专家给定系数的均值作为该变量的权重系数。

在合资决策过程中，外方对中方有效资源价值评估的计算公式为

$$V^m = a^m VA^m + b^m VB^m + c^m VC^m + d^m VD^m + e^m VE^m + f^m VF^m \tag{2-2}$$

中方对外方有效资源价值评估的计算公式为

$$V^k = a^k VA^k + b^k VB^k + c^k VC^k + d^k VD^k + e^k VE^k + f^k VF^k \tag{2-3}$$

其中，中外方各种单项合资有效资源权重系数的计算公式分别为

$$a^k = \frac{\sum_{i=1}^{n} a_i^k}{n} \tag{2-4}$$

$$b^k = \frac{\sum_{i=1}^{n} b_i^k}{n} \tag{2-5}$$

$$c^k = \frac{\sum_{i=1}^{n} c_i^k}{n} \tag{2-6}$$

$$d^k = \frac{\sum_{i=1}^{n} d_i^k}{n} \tag{2-7}$$

$$e^k = \frac{\sum_{i=1}^{n} e_i^k}{n} \tag{2-8}$$

$$f^k = \frac{\sum_{i=1}^{n} f_i^k}{n} \tag{2-9}$$

$$a^m = \frac{\sum_{i=1}^{n} a_i^m}{n} \tag{2-10}$$

$$b^m = \frac{\sum_{i=1}^{n} b_i^m}{n} \tag{2-11}$$

$$c^m = \frac{\sum_{i=1}^{n} c_i^m}{n} \tag{2-12}$$

$$d^m = \frac{\sum_{i=1}^{n} d_i^m}{n} \tag{2-13}$$

$$e^m = \frac{\sum_{i=1}^{n} e_i^m}{n} \tag{2-14}$$

$$f^m = \frac{\sum_{i=1}^{n} f_i^m}{n} \tag{2-15}$$

第四节　合资谈判过程中的合作匹配度模型

如前所述，合作匹配度是指各合作方所拥有的有效资源的价值

评估总量之比，是各方满足对方需要能力的匹配程度。设合作匹配度为 R，则合作匹配度的计算模型为

$$R=\frac{V^m}{V^k} \tag{2-16}$$

在式（2-16）中，比数越接近于 1，说明各方的谈判实力越均衡，合作匹配度越高；比数越远离于 1，说明合作匹配度越低。R 大于 1，说明外方谈判实力强于中方；R 小于 1，说明中方谈判实力强于外方。R 值越大，说明外方谈判优势越明显；R 值越小，说明中方谈判优势越明显。

根据中外合资企业访谈的现实情况，我们对 R 值进行了匹配程度的区间划分：

R 小于 0.5 或者大于 1.5 为不匹配；

R 大于等于 0.5 小于 0.7 或者小于等于 1.5 大于 1.2 为一般匹配；

R 大于等于 0.7 小于 1 或者大于等于 1 小于等于 1.2 为匹配。

例如，R=3.1，说明外方谈判优势非常明显，合作双方匹配度非常低。其中，匹配表示合资双方满足对方主要合资动机实现所需要的能力均较强且比较接近；一般匹配表示双方能力均较强但都不是很突出，或者双方能力相差不是很大的情况；不匹配表示一方能力很强而另一方能力很弱，或者双方谈判能力相差很大的情况。

第五节　中外合资各方合作匹配度的实证研究

我们以问卷调查的山东某医药合资企业为典型案例分析其合作匹配度以及对合作冲突过程的影响。

2000 年 7 月，我们对山东新华-肯孚制药有限公司的中外方管理人员进行了访谈与问卷调查，总计访谈中外方高级管理人员各 3 人

(外方管理人员为撤出后临时来访)，发放问卷 6 份，回收有效问卷 6 份。

该合资企业是山东淄博新华医药集团与荷兰 Gist 公司共同出资设立的。外方的主要合作动机是利用中方的营销渠道进入中国市场，中方的主要合作动机是获得先进技术与配方、改善产品结构、增加利润。合资公司于 1995 年正式成立，创立时注册资金 300 万美元。其中，中方占 49%股权（其中，现金 65%，机器设备 10%，土地使用权、厂房 25%），外方占 51%股权（其中，现金 80%，药品配方 20%）。

中外方管理人员对对方合资有效资源的评估值及权重评价原始数据见表 2-2。

表 2-2　山东某合资企业中外方有效资源的专家评估值、权重原始数据

序号	单项资源种类		单项资源评估值			单项资源权重		
			专家 1	专家 2	专家 3	专家 1	专家 2	专家 3
1	中方有效资源	本地化支持能力	0.85	0.90	0.90	0.08	0.11	0.12
2 3		对新技术和新工艺的消化吸收能力	0.70	0.75	0.65	0.15	0.08	0.08
4		品牌价值	0.90	0.90	0.90	0.55	0.40	0.55
5		高素质员工数量	0.75	0.65	0.70	0.05	0.04	0.06
6		管理水平	0.70	0.70	0.70	0.15	0.15	0.15
7		设备状况及生产能力	0.80	0.85	0.85	0.09	0.12	0.09
8	外方有效资源	新技术和新产品的开发能力	0.90	0.95	1.00	0.60	0.55	0.50
9		品牌价值	0.90	0.95	0.95	0.05	0.05	0.05
10		营销能力	0.85	0.75	0.85	0.05	0.05	0.05
11		高素质员工数量	0.80	0.80	0.75	0.15	0.07	0.08
12		管理水平	0.85	0.85	0.80	0.13	0.12	0.15
		资金实力	0.95	1.00	1.00	0.18	0.13	0.14

根据表 2-2 中的数据，取各方单项资源权重及评估值的平均值，我们得出该合资企业中外双方各种单项有效资源的专家评估值及权重系数，见表 2-3。

表 2-3 山东某合资企业单项有效资源的权重及评估值

权重	a^m	b^m	c^m	d^m	e^m	f^m
	0.1	0.1	0.5	0.05	0.15	0.1
评估值	VA^m	VB^m	VC^m	VD^m	VE^m	VF^m
	0.88	0.70	0.90	0.70	0.70	0.83

权重	a^k	b^k	c^k	d^k	e^k	f^k
	0.55	0.05	0.05	0.1	0.1	0.15
评估值	VA^k	VB^k	VC^k	VD^k	VE^k	VF^k
	0.95	0.93	0.82	0.78	0.83	0.98

由于中方最主要的合作动机是获得先进技术与配方，在对外方有效资源的价值评估中新技术和新产品的开发能力所占的权重最大（0.55）；当时中方企业资金不足，希望外方进行比较大的资金投入，因此在评估中外方资金实力的权重也比较大（0.15）；而外方的品牌价值、营销能力与中方主要合作动机的相关性很小，因此所占权重只有0.05；而外方高素质员工数量、管理水平对合作水平产生明显的影响，权重分别为0.1。外方最主要的合作动机是利用中方的营销渠道进入中国市场，因此中方的品牌价值在价值评估中所占权重最大（0.5）；本地化支持能力、新技术和新工艺的消化吸收能力、管理水平、设备状况及生产能力对合作质量、产品的生产、销售具有比较明显的影响，所占权重分别为0.1、0.1、0.15、0.1；外方认为中方高素质员工数量对其主要合作动机的影响很小，因此权重为0.05。

$$V^m = 0.1\times 0.88+0.1\times 0.70+0.5\times 0.90+0.05\times 0.70+0.15\times 0.70+0.1\times 0.83=0.831$$

$$V^k = 0.55\times 0.95+0.05\times 0.93+0.05\times 0.82+0.1\times 0.78+0.1\times 0.83+0.15\times 0.98=0.918$$

$$R=\frac{V^m}{V^k}=0.905$$

分析计算的结果，外方对中方有效资源的价值评估总量为0.831，中方对外方有效资源的价值评估总量为0.918。V^k 比 V^m 大0.087，说明外方对合资企业的贡献能力（谈判实力）比中方高出10.47%。该合资企业的合作匹配度为0.905，这是一个较高水平的合作匹配度，与最高水平1相差0.095。这主要是因为外方对中方品牌价值的评估值为0.90、对中方管理水平的评估值为0.70。

依据我们的调查结果判断，外方对最为看重的中方品牌价值的评估值0.90实际上是偏高的。尽管中方是国内四大主要国有医药生产企业之一，但是我国医药市场还很不规范，柜台药的比重很小，医院处方药的比重非常大。而医院处方药的供销又很混乱，不正当的竞争行为很多，中方作为国内正规大企业的竞争优势往往得不到发挥。当时，外方没有在中国投资的经验，对这种特殊的市场情况并不了解。所以，在最初的三四年中合资企业依靠产品优势取得了较好的销售状况和利润，双方的合作意愿度都很高。但是，1999年以后，合资产品仿制药以不正当手段竞争大量出现时，合资企业利润急剧下降，外方合作意愿度也急剧下降（参见第四章表4-4），外方对中方信心下降，不愿意继续提供新配方。实际上，双方的合作基础并不稳固。

第六节　小　　结

本章界定了合作匹配度与各方谈判实力的概念，分析了各方合资之前谈判过程中的决策过程，分别建立了各方对其他合作方所拥有的有效资源的价值评估模型与合作匹配度计算模型，主要研究了合资协议达成、合资企业稳定发展的条件。在中外合资经营企业中，中方的有效资源为本地化支持能力、新技术和新工艺的消化吸收能力、品牌价值、高素质员工数量、管理水平、设备状况及生产能力；外方的有效资源为新技术和新产品开发能力、品牌价值、营销能力、高素质员工数量、管理水平、资金实力。合资各方谈判优势的均衡是合资企业成功建立并稳定发展的前提条件。合作匹配度越接近于1，说明各方谈判优势的均衡程度越高。合资企业成立之后，各方谈判实力始终处于均衡与失衡的交替变化之中，由此造成合作匹配度的动态性变化以及合作冲突水平的变化。谈判实力状况在很大程度上影响着本方对合资企业的控制权与合资收益的大小。依据访谈与问卷调查，我们对典型案例山东某医药合资企业进行了实证研究，分析了其合作匹配度以及对合资协议的达成、合作冲突水平的影响。

第三章 中外合资各方合作意愿度演化研究模型分析

中外合资各方合作冲突及合作意愿度的变化，是合作历史记忆、本方主要合作动机、未来收益预期、对其他合作方合作态度与贡献能力判断等因素共同决定的，是一个互动的合作博弈过程。为系统研究各方合作冲突的变化过程以及合作意愿度的变化情况，我们建立了中外合资企业各方合作意愿度变化过程的图型化表示方法，将中外合资企业合作博弈的过程分为六种类型，分析了基于成员特征及历史信息的群体合作动态演化迭代模型适合于中外合资各方合作意愿度动态变化的分析与预测、控制。

第一节 中外合资企业合作意愿度动态变化过程的图型化表示方法

为便于分析、更好地体现合作过程的连续性和完整性，我们用图型化表示方法来描述调查案例和样本案例。这种图型中既包括合作过程中的主要合作事件，又包括各方在每一博弈事件中的真实选择和备选方案。

一 图型的整体结构

把一个完整案例画成一个过程图型，每个图中均包括多个合作博弈事件。每一个图型的起点是中外合资各方企业名称，终点是调查期内或者合资企业存续期内最后一个合作事件的博弈结果；每一个图型中有左右两列，分别代表中方和外方的合作行为：左列为中方行为，右列为外方行为。每一相对应的横排结构为合作过程中的一个事件，分别表示一方的合作行为或冲突行为与另一方的反应，用圆角长方形文本框表示；在每一事件中，针对合作或冲突问题分别设计出各合作方的多个候选方案，箭头指向的是实际选择方案。每一合作事件之后用一长方形文本框说明该事件的博弈结果，用虚线与合作事件中各方的选择相连接。不同合作事件之间按时间先后顺序用实线箭头由本方上一事件中的实际选择指向下一事件中的实际选择。合作过程图型的整体结构如图 3-1 所示。

二 备选方案的设定与选择

在每一个合作事件中，各合作方均有一种或一种以上的可选方案。当一方提出某种要求或者在几种备选方案中选择了一种时，另一方往往也面临着多种可选方案，各方均会充分考虑本方现实收益和对合作收益的预期情况作出最优选择（这种选择实际上是一种决策，会或多或少地带有主观性）。

在图型中设计出候选方案主要是与实际选择方案相对照，充分体现合作过程中各方多次博弈的特点。对合资企业合作过程的研究不同于对单个博弈事件的研究。在一个孤立的博弈行为中，各方主要基于本方的现实收益选择最有利的行为方案；在合作过程的多次博弈行为中，各方不仅要考虑现实收益，更要考虑未来的合作收益，所以有一些选择单从事件本身来看并不一定是最优，从长期合作过程来看则往往是最优的。从各方实际选择方案与备选方案的对照中，我们可以更好地确定各方对合作的态度、合作意愿度、对合作冲突

山东某医药集团（大型国有企业）
荷兰某公司（大型跨国公司）
出资：49%股权，其中现金65%，机器设备10%，土地使用权、厂房25%
出资：51%股权，其中现金80%，药品配方20%
合资企业(1995年)
注册资金300万美元
提出外方管理人员退出
换人维持
不同意
同意
削权
加强控制
外方管理人员退出
多分红
真实分红260万元(1996年)
少分红
怀疑抗议
接受270万元(1996年)
不接受
外方接受分配
多分红
真实分红264万元(1997年)
少分红
怀疑抗议
接受275万元(1997年)
不接受
外方接受分配
提出增资要求，按比例增资365.54万美元
不接受
接受按比例增资380.46万美元
扩大股权比例
减少股权
合资企业(1998年)
注册资金1046万美元
多分红
真实分红285万元(1998年)
少分红
怀疑抗议
接受295万元(1998年)
不接受
外方接受分配
多分红
真实分红107万元(1999年)
少分红
怀疑抗议
不满意113万元(1999年)
接受
外方不满意分配
要求外方提供更新的配方
接受
暂不接受
不接受
外方暂不提供

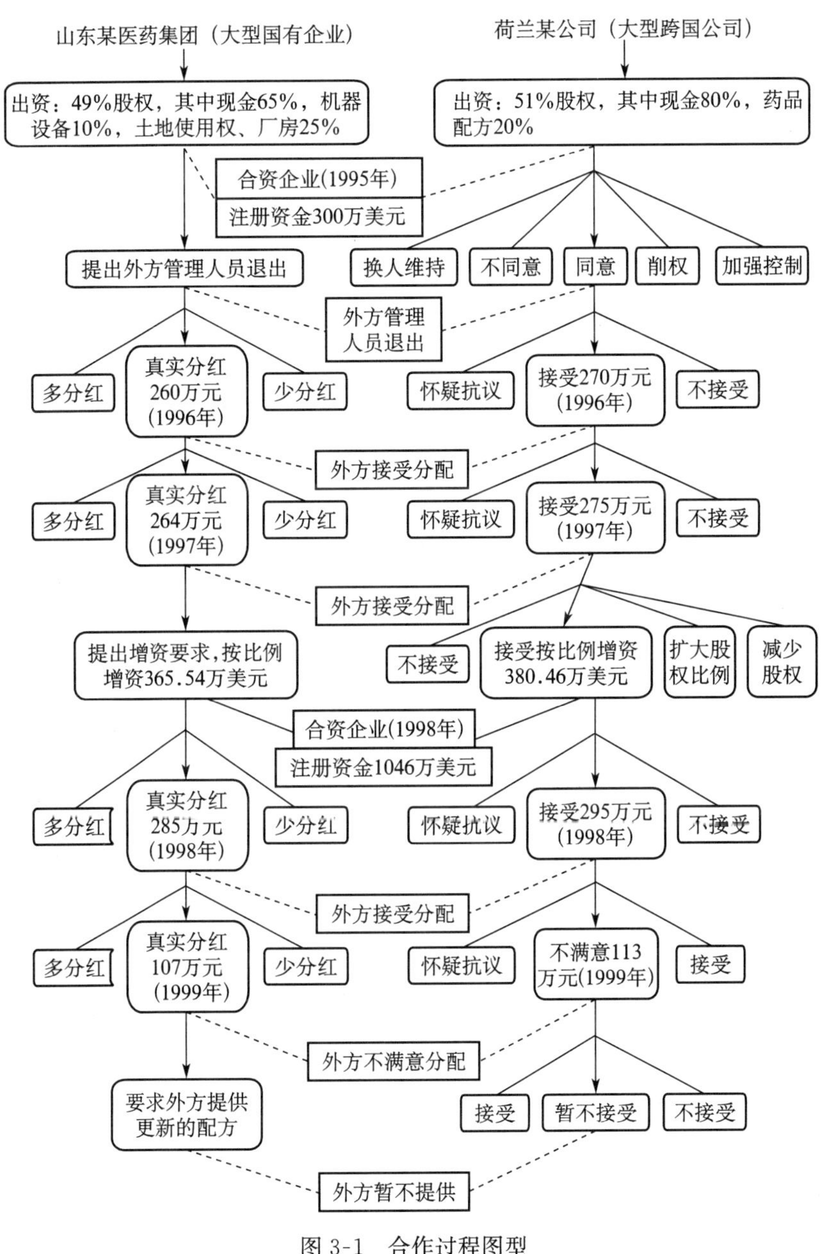

图 3-1　合作过程图型

的忍耐度等指标，更好地认识合作冲突、管理合作冲突，有效提高合作质量。

在合作过程的图型中，各方候选方案的设计主要是基于单个事件的博弈行为来考虑的，也就是在不考虑整个合作过程中多次博弈的情况下合作方所面对的各种可选择方案。

候选方案主要有两种类型：一种是一方在某种情况下提出某种要求，其他合作方面对多种选择；另一种是一方在多种方案中选择了一种，其他合作方在决定本方行为时也面对多种选择。

第一种类型的候选方案如图 3-2 所示。

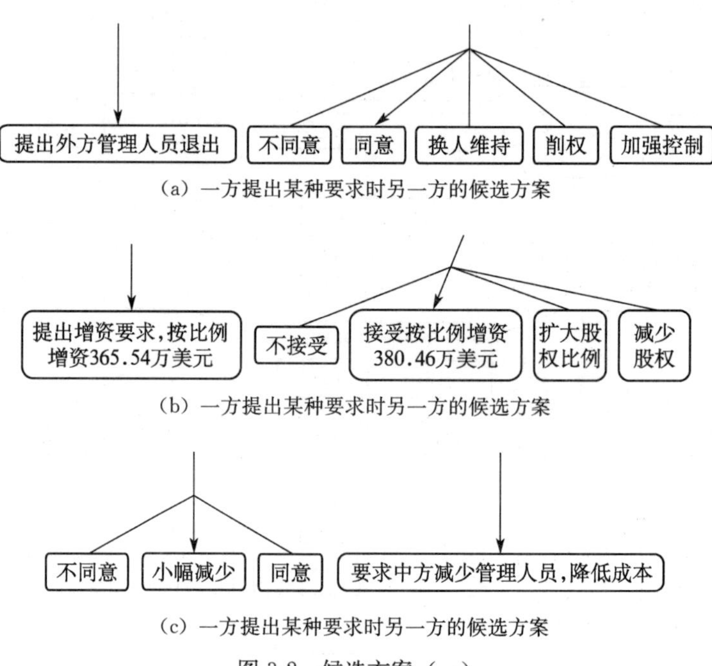

图 3-2 候选方案（一）

在图 3-2（a）中，中方认为外方管理人员素质低下，提出“外方管理人员退出”的要求，外方面临的选择有不同意、同意、换人维持、削权、加强控制等。从合作的角度考虑，外方选择了同意。

在图 3-2（b）中，中方提出按比例增资的要求，外方所面临的选择有不接受、接受、扩大股权、减少股权等。鉴于前期合作的效益较好，所以外方选择了接受。

在图 3-2（c）中，外方认为合资企业管理人员过多导致经营成本过高，要求减少管理人员，降低成本。中方所面临的选择有不同意、小幅减少、同意等。受中国传统体制影响，合资企业确实存在管理人员数量过多的问题，中方如选择“不同意”势必导致外方的不合作进而造成本方损失；如果“同意”，在体制上、政策上以及人员安排上又存在困难。所以，从合作与本方承受力两个角度考虑，中方选择了“小幅减少”。

第二种类型的候选方案如图 3-3 所示。

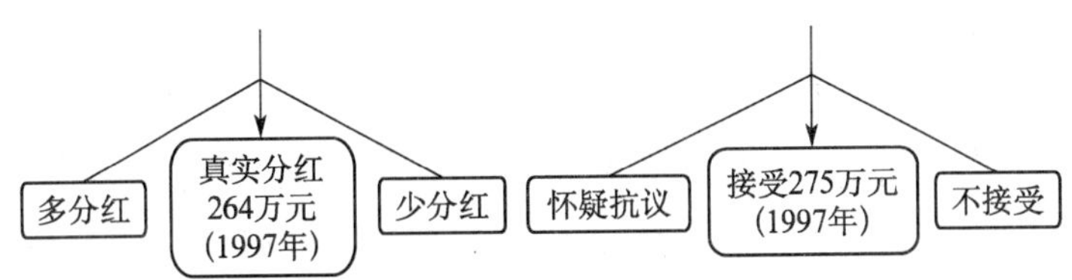

（a）中方与外方均在多个候选方案中选择

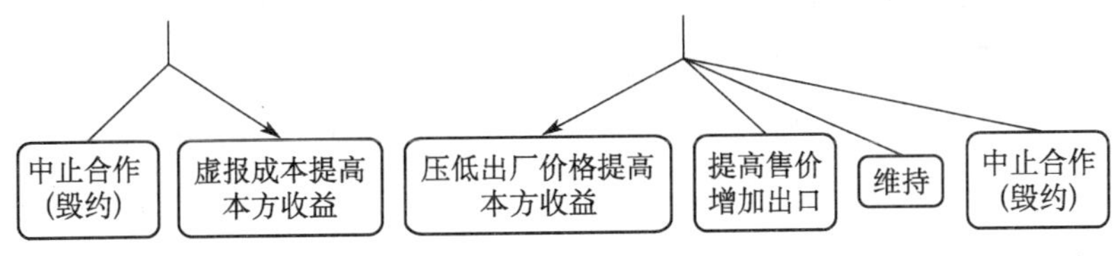

（b）中方与外方均在多个候选方案中选择

图 3-3　候选方案（二）

在图 3-3（a）中，中方掌握经营权，在分红时面临着多分红、少分红、真实分红三种主要的备选方案，因合作意愿度较高选择了真实分红；面对中方选择和本方的收益满意度，外方在接受、不接受、怀疑抗议几种备选方案中选择了接受。

在图 3-3（b）中，外方控制着合资企业产品的外销，因对此前合作收益的满意度较低，所以在外销产品价格确定方面他们在维持现状、提高售价增加出口、压低外销产品出厂价格提高本方收益、提前中止合作四种备选方案中选择了压低外销产品出厂价格提高本方收益。实际上，外方是在对合作失去希望或者本来就未寄予希望的情况下作出这种选择的。面对外方的选择以及本方对合作收益的判断，中方在虚报成本提高本方收益、中止合作两个备选方案中选择了虚报成本提高本方收益，实际上这也是一种无奈选择。

三 制作合作过程图型应注意的问题

制作合作过程图型应注意的问题主要有以下几个方面：

第一，合作事件、备选方案的设置一定要立足于合作案例、合作过程的实际情况。在设置合作事件时，应选择合作过程中具有较大影响的事件进行分析，要根据每一个事件之前的合作过程、各方对合作的态度来设置备选方案；否则对模型本身的分析将失去意义。

第二，合作事件应按时间先后进行排序，一些具有量化指标的合作事件（如分红等）应注明时间，以便进行对照。

第三，图型中客观数据的计量单位应尽可能统一；如果实在难于统一或不宜统一，不同合作事件中同一项目（如各方投资额或者分红数额）的计价货币一定要统一，以便于对照、比较。

第四，同一合作事件中各合作方的备选方案一定要放在同一横排结构中，以便对应。

第五，为便于分析，我们假定每一个合资企业中只有中外两个合作方。如果面对超过两方的多方合资行为，其合作过程图型在纵向结构上就应该有三个或三个以上的列。

第二节 中外各方合作意愿度动态演化迭代模型

合作是当今世界上普遍存在的主流现象，是一些成员为实现共同目标而结成群体并进行有效的资源（人、物或理念）投入和组合。但该群体成员在一次合作之后，由于在一定规则下各成员的实际分配收益与该成员进入群体前的先验基准收益存在偏差，这就构成了有些成员行为发生改变的动因。实际收益低于基准的成员就会降低自己的合作意愿而部分地选择非合作战略。这就势必减少群体收益、减弱群体的竞争力及决策效能。迄今为止，已有许多关于合作问题的研究。经典合作博弈多涉及特征函数、核、稳定集和 Shapley 值等针对合作分配结果的概念及理论（Von Neumann，Morgenstein，1947；Shapley，Shubik，1969）。另外，为解决个人理性与集体理性的冲突，人们发明了各种各样的机制或制度规范合作者的行为（Driesen，1991；Lapson，1994）。此外，还有其他通过非合作博弈促成合作结果的理论，如无名氏定理（李霆，张朋柱，1999；Ye hongxin，et al.，2001）和声誉定理（Fudenberg，Maskin，1986）。但是，在现实中每个成员往往具有鲜明的个性特征，如具有不同的价值观、决策习惯、教育水平、信仰等，这就决定了每个成员在调整自己的合作意愿时所持的态度。同时，一个重要方面就是，每个成员可能依据以往各次合作的历史信息，因此合作意愿的调整无形中渗透着各成员的性格。现实中的群体合作过程往往不是在均衡平台上运行，而是首先经历一个相当长时间的动态演化。如果监控机构能及时预测群体成员合作水平的走向，就有可能在群体合作出现低水平效应或崩溃的均衡状态之前相应调整博弈规则，或辅以其他诸如整合文化、价值观，修正（预期）基准收益，以提高群体的合作水平。但是，由于缺乏揭示群体合作演化的动态预测模型，在适时控制或调整各成员的合作意愿方面缺乏可操作的有效依据。为此我们在这方面作了一些有益的探索。

张朋柱、叶红心、侯贵生等引入合作意愿度的概念，并依据事后分析法，建构了描述群体合作演化的动态预测模型（Zhang Pengzhu，et al.，2002)。该模型反映了群体成员的个性特征，特别着眼于群体成员博弈达到稳定均衡前各成员调整、互动的过程，比较符合现阶段中外合资企业的实际状况。为此，我们选择使用该模型分析中外合资企业合作博弈过程中的合作意愿度变化趋势。

一 概念

有了共同目标，各成员带着合作意愿和一定的合作基准（合作前提）走进了群体，群体运作的结果（含分配）又会影响这两个因素。

1. 合作隶属度

首先，设成员之间的战略空间为 S_i，群体利益最优对应的 Pareto 战略记为 S_i^c，该成员的收益为 P_i $(s_1, s_2, \cdots, s_n)$，$s_i \in S_i$ $(i=1, 2, \cdots, n)$，则

$$S_i^c = \left\{ s_i \in S_i \mid s_i \in \arg\max \sum P_i(s) \right\} \tag{3-1}$$

$S=(S_1, S_2, \cdots, S_n)$，则 i 非合作战略空间为 $S_i \setminus S_i^c = S_i^N$

因此，$S_i = S_i^c \cup S_i^n$。

在群体合作过程中，实际上存在多次博弈。群体成员每次采取介于合作与非合作状态之间的战略（类似于混合战略，含端点），或者采取非完全合作战略。设此战略分布于 $S_i^c \cup S_i^N$。我们称隶属于 S_i^c 的程度为 i 合作隶属度，记为 $\alpha_i \in (0, 1)$。显然，非合作隶属度即隶属于 S_i^N 的程度为 $1-\alpha_i$。

2. 合作意愿度

合作隶属度与非合作隶属度之差为合作意愿度，记为β，即

$$\beta_i = \alpha_i - (1-\alpha_i) = 2\alpha_i - 1 \tag{3-2}$$

五种合作状态为：损人不利己、损人利己、不合作、消极合作、积极合作。合作意愿度分别对应（−1，a，0，b，1）。这里，$-1<a<0$，$0<b<1$。

3. 基准收益

在各成员进入群体前或群体在运作的每个阶段，他们都存在一个预期收益基准，这是衡量合作结果是否满意的参照，我们称之为基准收益，记为$\underline{P}_i^t$（t 是阶段次数，0，1，…）。在每次合作（或非完全合作）后，各成员根据支付收益与基准收益的偏差，按照自己的心理行为特征去调整合作意愿度；从而影响下一次合作的战略选择，进而影响下次合作的个体收益 P_i（s）。整体群体收益为 $\sum_{i=1}^{n} P_i(S)$。

影响基准收益的几个因素：

(1) 机会收入。群内与群外的收益比较在很大程度上影响基准收益支付比率的确定。

(2) 合理投机能力。在特定约束（法律体系、道德习俗、群体博弈规则等）下，群体成员偏离合作战略的能力（由于个人有限理性的驱动）称为合理投机能力，会影响基准的浮动。该能力越大，基准收益$\underline{P}_i^t$ 越大，即存在正相关关系。

(3) 以往投机引发的损失（懊悔），会适当地降低基准。

(4) 价值观、文化信仰等。

令成员 i 的投入收益率为$\underline{P}_i^t$，则有

$$p_i^t = P_i^t / s_i^t \tag{3-3}$$

$$\underline{p}_i^t = \underline{p}_i^t / s_i^t \tag{3-4}$$

$$\Delta p_i^t = p_i^t - \underline{p}_i^t \tag{3-5}$$

二 合作意愿度迭代模型

一方面，人们并不是简单地对某一情况作出直接反应，人们的反应以过去经历形成的假设为依据；另一方面，正如 R. Lewin 的心理场论所强调：目前和近期的环境影响是行为的决定因素。这里的环境（生存空间）是群体成员的互动状态（Pmilgrom，Roberts，Wilson，1982）。

设群体成员 i 的最初合作度为 α_i^0（对于合作群体 $\alpha_i^0=1$）。群体成员合作 $t+1$ 次的合作意愿度不仅受成员的个体特征影响，而且是基于以往合作历史信息的，具体表现为对以往 t 次博弈的合作意愿度 α_i^k（$k=0$，1，…，t）依赖上的差异，即对它们的权重不同。这个调整过程（函数）与基准偏差（Δp_i^t）历史记忆特征 r_i^k（利害关联度）、自身价值下的自我容忍度 e、其他成员的容忍度 e_{-i}以及合理约束有关。

$$\alpha_i^0 \xrightarrow{f_i} \alpha_i^{t+1}$$

如果各成员都相同记为 C，即 $f_i=f$（Δp_i，r_i，e_i，e_{-i}，c）（省略上标）。

为方便研究，我们把 f 分解成两映射。

g（Δp_i，r_i）$\oplus h$（e_i，e_{-i}，c），即通过两类不同调整的整合达到调整合作意愿度 x^{t+1}的目的。亦即

$$\alpha_i^0 \xrightarrow{g} \alpha_i^t \xrightarrow{h} \alpha_i^{t+1}$$

这是主观认知 g 与环境约束 h 共同作用的结果。

主观认知 g 的实现：

群体成员的个性特征也表现为对历史信息的依赖程度。设成员 i 对历史信息的依赖次数为 l（$0\leqslant l\leqslant t$），可区分成员为 l 类成员，极端地 $l=0$ 时，表明该成员不计历史得失，着眼未来，属长远眼光

型；$l=t$，表明成员太过于重视合作历史，称斤斤计较型。

从斯金纳（Skinner）的强化理论出发，我们假定成员 i 最能记住对其收益造成大偏差的合作博弈并且趋利避害，设第 k 次博弈对 $t+1$ 博弈合作意愿度的影响权重为 ω_i^k，则得出以下记忆规则：

$$P_i^k - \underline{P}_i^k = 0, \quad \omega_i^k = 0$$

$$P_i^k - \underline{P}_i^k \neq 0, \quad \omega_i^k = (p_i^k - \underline{p}_i^k) \Big/ \left|\sum_{k=1}^{t}(p_i^k - \underline{p}_i^k)\right|, \quad \left|\sum_{k=1}^{t}\omega_i^k\right| = 1$$

$$g_i^t = \sum_{k=1}^{t}\omega_i^k \cdot \alpha_i^k \tag{3-6}$$

每次 $\Delta p_i^k \leqslant 0$（$k=0, 1, \cdots, t$），则第 $t+1$ 次也无合作愿望，即 $\alpha^{t+1}=0$；相反，如果每次 $\Delta p_i^k > 0$，每次都合作，$\alpha_i^k=1$，α^k（$t+1$）仅受 h 的影响即为 h。

三 环境约束 *h* 的调整

文化是一个群体成员互动过程中形成的各种行为规范、习俗和惯例，它是一种心理认同和知识的积淀，包括理念上的认同、道德上的共识、行为规范的共同遵守，而认同感是群体成员能够聚合在一起的前提条件。

因此，共同的文化能提供一个减少冲突、形成合作凝聚力共识的契机。相反，不同文化背景的群体成员却因认知差异而更多地呈现不合作行为。研究表明，源于集体主义文化的成员比源于个体文化的成员更倾向于呈现合作行为。东方文化大多属于集体文化，西方文化大多属个体文化（林秉贤，1985；Cox，Sharon，1991）。

设 $h_i^k = h_i^k$（e_i，e_{-i}，c），这里，$\| e_i \| \leqslant h$，$\| e_i \| \leqslant \delta$，$\| c \| \leqslant \Delta$，即基于自身价值观下的自我容忍（或良心）、其他成员的容忍以及合理约束都存在上界（即有限度）。设 h 具有性质，则

$$0 \leqslant h_i^k \leqslant 1$$

$$\partial h_i^k / \partial e_i > 0$$

$$\partial h_i^k / \partial e_{-i} < 0$$

$$\partial h_i^k / \partial c > 0$$

$$\frac{\partial h_i^k}{\partial v_i} \leqslant 0$$

也就是说，成员越有良心，就越像群体成员合作初期那样倾向于合作；其他成员越能容忍他的背叛，该成员就越降低合作意愿度以提高投机利益；合理约束越强，就愈倾于合作，合作意愿度也越高；文化差异越大，合作就越困难。h 是多维空间上的马鞍面。

模型整合：

一方面，设成员 i 的记忆自然衰减函数是 m_i（t），显然 m_i（t）有性质：

m_i（0）＝1，m（x）单调下降；

$\int_0^{\infty} m_i(x)\mathrm{d}x = 1$，即$\int_0^{\infty} m_i(t-k)\mathrm{d}(t-k) = 1$。

另一方面，我们把信息技术（如合作历史记录）等决策支持手段对决策主体的影响程度设为 ε，则决策主体的历史记忆是主客观的统一，即

$$M_i(t) = m_i(t) + \Delta m \cdot \varepsilon \tag{3-7}$$

这里，Δm 是合作历史记录的准确度，可以用真实记录与实际历史的比率或其他方法来量度。

综合以上分析与推导，我们得到比较接近现实的基于历史信息和成员特征的合资中外方合作意愿度动态演化迭代模型：

$$\alpha_i^{t+1} = h_i^t \oplus \sum_{k=1}^{t} \omega_i^k \cdot \alpha_i^k \cdot M_i(t-k), \quad (i = 1,2,\cdots,n) \tag{3-8}$$

第三节　中外各方合作意愿度动态演化模型的特点分析

从迭代模型 $\alpha_i^{t+1}=h_i^t \oplus \sum_{k=1}^{t} \omega_i^k \cdot \alpha_i^k \cdot M_i\ (t-k)$,($i=1$, 2, …, n) 可以看出 $\omega_i=A\ (p_i^k)\ =B\ (\alpha_0,\ \alpha_1,\ \cdots,\ \alpha^{t-1})$。因此，该模型是一个非线性动力系统，给定参数，它只能通过计算机预测合作意愿度轨迹的走向，进而能判断 p_i 及$\underline{p}_i$ 变化的状况。同时，可以通过比较 p_i 及$\underline{p}_i$ 的局部和整体偏差来判断群体合作的稳定性（充要条件 $\Delta p \geqslant 0$）。

通过对具体案例的演化分析，我们可以得出合作稳定的条件。

如果存在某个 j 使扰动成为破坏 $\Delta p_j<0$，他就有积极采取偏离合作的战略偏离，提高 p_i 使 $p_j>\underline{p}_j$ 群体合作稳定性；如果给定一个群体部衡量标准，群体博弈最终演化到三种可能结果（合作、非完全合作-低合作水平、崩溃）。因此我们可以从迭代模型其动态性态入手寻找控制的渠道（目标控制）。通过具体案例我们可以找出具体的控制机制，以实现群体效益目标，这主要涉及动力系统的轨道控制（包括混沌控制）稳定、高水平稳定性及控制，从迭代系统演化方面可能存在收敛平稳、发散、振荡等性态。

在中外合资各方合作过程中，合作冲突及合作意愿度的变化并不是单纯取决于单个事件的直接损益情况，而是合作历史记忆、本方主要合作动机、未来收益预期、对其他合作方合作态度与贡献能力判断等因素共同决定的，是一个互动的合作博弈过程。因此，基于成员特征及历史信息的群体合作动态演化迭代模型适合于中外合资各方合作意愿度动态变化的分析与预测、控制。

第四节　中外合资企业合作博弈过程的分类、特点

依据各方合作匹配程度、冲突表现以及合作意愿度变化情况等方面的差异，我们将中外合资企业合作博弈的过程分为六种类型。各种类型的主要特点如下。

（1）中方谈判实力下降型：各方合作匹配程度比较高；在合作过程中中方谈判实力呈下降趋势，外方谈判实力相对提高；外方合作意愿度逐步下降，中方合作意愿度则一直处于很高的水平。

（2）外方谈判实力下降型：各方合作匹配程度很低；外方谈判实力很弱，在合作过程中中方谈判实力相对提高；中方合作意愿度逐步下降，最后降到了负值，外方合作意愿度则一直处于很高的水平。

（3）双方均“耍小聪明”型：各方合作匹配程度较低；中外方谈判实力都不是很强，但又彼此需要；合资企业表面上呈现出巨额亏损，双方都以“耍小聪明”的手段获得合作收益，所以合作仍得以维持；双方合作意愿度均降到很低的水平，但始终没有降到负值（不合作状态）。

（4）初始合作匹配程度较低型：各方合作匹配程度较低，合资企业利润丰厚；外方谈判实力逐步下降，在合作过程中中方谈判实力相对提高；中方合作意愿度逐步下降，但没有降到很低的水平，外方合作意愿度则一直处于较高的水平。

（5）合作中止型：各方合作匹配程度很低；外方谈判实力很强，在合作过程中中方谈判实力逐步下降，最后降到了极低的水平；双方合作意愿度均呈下降趋势，最后都降到了负值，最终导致合作破裂，或外方独资经营。

（6）外方绝对优势型：各方合作匹配程度较低；外方谈判实力很强，完全掌握合资企业控制权；在合作过程中中方谈判实力逐步下降，最后降到了很低的水平，处于严重的不利地位；中方合作意愿度逐步上升，外方合作意愿度则逐步下降，最后降为负值，表现出不合作态度；合作尚未完全破裂，但破裂的危险随时都存在。

第五节　小　　结

为系统研究各方合作冲突的变化过程以及合作意愿度的变化情况，我们建立了中外合资企业各方合作意愿度变化过程的图型化表示方法，将中外合资企业合作博弈的过程分为六种类型，分析了基于成员特征及历史信息的群体合作动态演化迭代模型适合于中外合资各方合作意愿度动态变化的分析与预测、控制。

第四章 中外合资各方合作意愿度演化分析的实证研究

利用合作意愿度动态演化迭代模型，依据访谈的合作过程、合作冲突情况以及问卷调查数据，我们分别对六种合资冲突类型的典型案例进行了演化研究。

第一节 原始数据的来源

通过山东省外经贸厅、青岛市外经贸局等政府部门的支持，我们分别选定了六种合资冲突类型的典型中外合资企业进行实地调研与访谈（问卷见本书附录 2），调查的中外合资企业主要包括制药、食品、纺织品服装、机械制造等领域的制造业企业，受访专家分别为参与合资决策以及合资企业日常经营管理决策的中外方高级管理人员（一般为总经理或副总经理），总计发放问卷 85 份，回收 57 份（其中有效问卷 28 份）。

在演化分析中，我们根据企业管理人员的描述选定了自合资企业成立到访谈期为止或合作中止（或终止）期的主要合作事件，并征得了受访人员的认可。

演化分析中一般性合作事件的中外方零记忆合作意愿度等指标的相关数据，由受访管理人员在不考虑历史记忆情况下给出，多人访谈时取平均值；基本取值范围为－1～1，其中 0～－1 范围的合作意愿度表示依据单个合作事件的收益情况某合作方的综合损失程度。

当一方零记忆合作意愿度为负值但合资企业尚未解体时，这主要是由于该方对未来的合作收益预期尚较高。对于有客观数据的合作事件的中外方收益情况，我们依据其客观收益数据与预期收益来计算收益满意度。原始数据见本书附录3。

第二节　合作关系影响因素的取值方法

依据访谈及问卷调查结果，我们给定了各种演化分析指标的取值方法。

1. 以出资作为合作事件的取值方法

（1）出资收益的取值范围为－11。

（2）在存在两个合作方的情况下，每一方的最理想收益为以最小的出资比例取得控股权（51∶49的股权结构）。在这种情况下，取得控股权一方的实际收益为最高值1；以52∶48的股权比例取得控股权，控股方的实际收益为0.99，以53∶47的股权比例取得控股权，控股方的实际收益为0.98，依次递减。在采用等额股权的情况下，股权比例为50∶50，双方收益均为0.5。当一方未取得控股权时，其收益小于0.5。考虑到该方虽未取得控股权但还可以从合作中受益，所以在从50到0的股权范围内该方的收益越来越低，但仍然大于等于零。在49∶51的股权比例下，该方的收益为0.49；在48∶52的股权比例下，该方的收益为0.48；依此递减。在0∶100的股权比例下（即另一方独资经营），该方的收益为0。

（3）双方均合作时，股权比例为50∶50，双方均未取得控股权，收益均为0.5。

（4）在中方合作外方不合作的情况下，外方以51∶49的比例控股，收益为1，中方收益为0.49。

（5）在中方不合作外方合作的情况下，中方以51∶49的比例控股，收益为 1，外方收益为 0.49。

(6) 在双方均不合作情况下，合资协议无法达成，双方的收益均为 0。

2. 以收益分配作为合作事件的取值方法

以收益分配作为合作事件的取值方法时，案例中一般都包括实际分配数额，而且一般都以人民币计价，各方出资额以及合资企业注册资金总额一般都以美元计价。在这种情况下，为计算的需要，必须将两种不同的计价货币按当期实际汇率换算成同一种货币。

各方实际收益用实际收益率（实际分得的收益与本方出资额之比）来表示。如果合资企业赢利且进行了实际分配，各方实际收益率为正数；如果合资企业亏损，各方实际收益率为负数。

各方预期收益用预期收益率（以不同分配期内的本国商业银行一年期贷款利率加上 5%的合理利润来确定）来表示。

群体合作（各方均合作）时，中外各方的收益均为实际收益率，一般表示各方对分配都基本满意。

中方合作外方不合作时，如果中方是控股方，掌握合资企业经营权与分配权，外方不合作对某一单次分配行为基本不产生影响，中外各方的收益亦为实际收益率。

中方不合作外方合作时，如果中方是控股方，掌握合资企业经营权与分配权，中方收益会增加（假定在实际收益的基础上增加 1/3），外方收益则会减少（假定在实际收益的基础上减少 1/3）。

群体冲突（各方均不合作）时，各方的合作收益均受到损失，都在实际收益的基础上减掉 1/3。

3. 一般合作事件中各方收益的取值方法

一般合作事件是指没有客观数据的事件，例如，一方提出某种要求或者作出某种选择时另一方在诸多备选方案中进行选择的事件，其取值范围一般为－1～1。在这一类事件中，各方的预期收益大多为 1，实际收益状况要根据整个合作过程以及具体合作事件本身的情况进行判断。一般来讲，当控股方或者优势一方不合作时另一方的直接收益小于等于零，否则就大于零。

4. 虚拟事件的设置及取值方法

为使演化计算结果更好地起到预测的作用，我们在每个案例中根据合作过程的实际情况设定了三组虚拟事件。其中，对调查期内合作过程还没有完结的案例，我们均设定了一组收益分配的虚拟事件，且假定了分红增多、分红减少、分红不变三种情况。分红不变是假定在最后一次分红标准不变情况下分析各方收益与合作意愿度的变化；分红减少是假定在最后一次分红基础上减少 50％；分红增多是假定在最后一次分红基础上增加 50％。

5. 各方零记忆合作意愿度的取值方法

零记忆合作意愿度是指各方对以往合作过程完全没有历史记忆的前提下对某一合作事件的合作程度，其取值范围为－1～1，取值要根据具体合作事件对各方收益（包括即期收益、战略收益）的影响状况及影响程度来进行。

第三节　中方谈判实力下降型中外方合作意愿度动态变化过程的演化分析

在对各种类型中外方合作意愿度动态变化过程的演化分析中，我们首先根据实际合作情况分别画出中外方合作意愿度变化的曲线，然后将虚拟事件与实际情况相结合再画六条曲线（虚拟事件中收益变化的三种情况分别为收益增加、不变、下降，每种情况与其他条件结合分别画出中外方合作意愿度曲线）；将合资冲突分为六种类型，依据问卷调查数据分别对每种类型的一个典型案例进行演化分析。

案例 1 中的合资企业是山东淄博某医药集团与荷兰某大型跨国公司共同出资形成的。外方的主要合作动机是利用中方的营销渠道进入中国市场，中方的主要合作动机是获得先进技术与配方、改善产品结构、增加利润。合资双方的合作动机比较吻合。

合资公司 1995 年成立（注册资金 300 万美元）后，先后经过了外方管理人员退出、1996 年分红、1997 年分红、增加注册资金、1998 年分红、1999 年分红、中方要求外方提供新配方等 8 个重要合作博弈事件。中外合作各方合作博弈的逻辑过程如第三章图 3-1 所示，合作博弈的历史信息见表 4-1～表 4-3，合作意愿度的模拟结果见表 4-4 和图 4-1～图 4-5。

表 4-1　案例 1 中某合资企业中外各方零记忆合作意愿度及预期收益

合作博弈次序			中方零记忆合作意愿度	外方零记忆合作意愿度	中方预期收益	外方预期收益
1			1	1	1	1
2			0.4	0.8	1	0.8
3			1	1	0.1553	0.1527
4			1	1	0.1436	0.1544
5			1	1	1	1
6			1	1	0.1243	0.1535
7			1	−0.2	0.1085	0.1499
8			1	−0.8	1	1
虚拟事件	9	分红多	0.8	0.1085	0.1623	0.1447
		分红少	−0.9	0.1085	0.1623	0.0157
		分红不变	−0.8	0.1085	0.1623	0.0313
	10		1	1	1	1
	11		−1	1	0	1

表 4-2　案例 1 中合资企业合作博弈中方收益

合作博弈次序			群体合作中方收益
1			0.5
2			0.8
3			0.2131
4			0.2164
5			1
6			0.0626
7			0.0235
8			1
虚拟事件	9	分红多	0.1085
		分红少	0.0118
		分红不变	0.0235
	10		1
	11		−0.5

表 4-3　案例 1 中合资企业合作博弈外方收益

合作博弈次序			群体合作外方收益
1			0.5
2			0.5
3			0.2126
4			0.2166
5			1
6			0.0666
7			0.0255
8			−0.2
虚拟事件	9	分红多	0.1085
		分红少	0.0128
		分红不变	0.0255
	10		−0.4
	11		−0.5

表 4-4 案例 1 中合资企业合作中外各方博弈结果

<table>
<tr><th colspan="3">合作博弈次序</th><th>中方合作意愿度</th><th>外方合作意愿度</th></tr>
<tr><td colspan="3">1</td><td>1</td><td>1</td></tr>
<tr><td colspan="3">2</td><td>0.3080</td><td>0.7234</td></tr>
<tr><td colspan="3">3</td><td>0.9497</td><td>0.9422</td></tr>
<tr><td colspan="3">4</td><td>0.9810</td><td>0.9783</td></tr>
<tr><td colspan="3">5</td><td>0.9928</td><td>0.9918</td></tr>
<tr><td colspan="3">6</td><td>0.9973</td><td>0.9970</td></tr>
<tr><td colspan="3">7</td><td>0.9990</td><td>−0.2011</td></tr>
<tr><td colspan="3">8</td><td>0.9997</td><td>−0.8004</td></tr>
<tr><td rowspan="5">虚拟事件</td><td rowspan="3">9</td><td>分红多</td><td>0.9999</td><td>0.7999</td></tr>
<tr><td>分红少</td><td>−0.800</td><td>−0.9001</td></tr>
<tr><td>分红不变</td><td>0.7999</td><td>−0.8001</td></tr>
<tr><td colspan="2">10</td><td>0.9999</td><td>0.9999</td></tr>
<tr><td colspan="2">11</td><td>−0.5001</td><td>−1</td></tr>
</table>

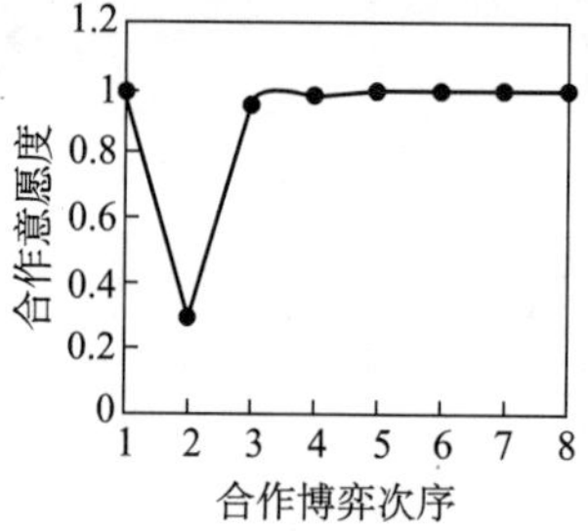

图 4-1 案例 1 中合作博弈过程中中方合作意愿度实际变化情况

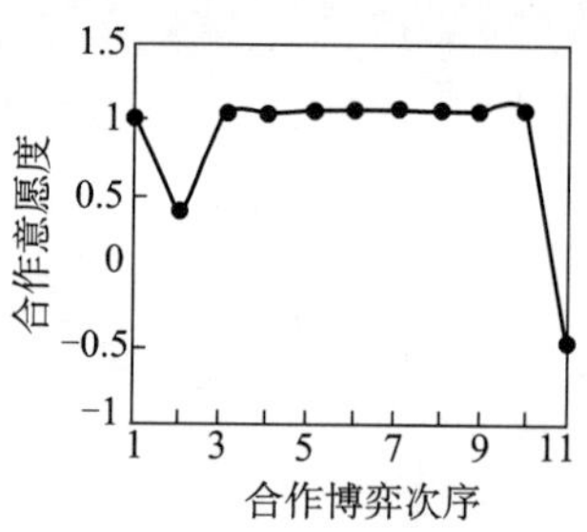

图 4-2 案例 1 中分红多（虚拟事件）时中方合作意愿度变化情况

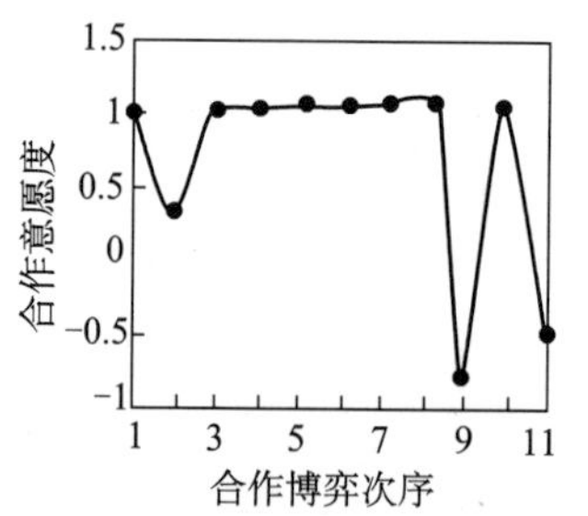

图 4-3 案例 1 中分红少（虚拟事件）时中方合作意愿度变化情况

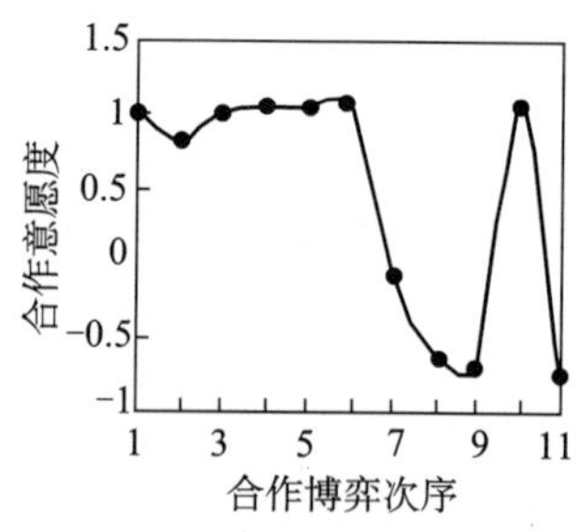

图 4-4 案例 1 中分红不变（虚拟事件）时中方合作意愿度变化情况

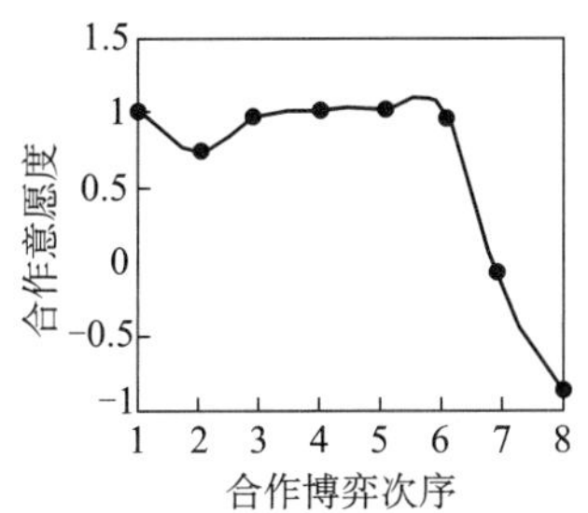

图 4-5　案例 1 中合作博弈过程中外方合作意愿度实际变化情况

根据表 4-1 和图 4-1～图 4-8 所表明的计算结果，再结合第三章图 3-1，可以清楚地看出：在外方管理人员进入合资企业的最初一年中，中方合作意愿度呈下降趋势，处于较低水平，在外方管理人员退出后很快恢复到较高的稳定状态。这主要是由外方管理人员的素质状况造成的。

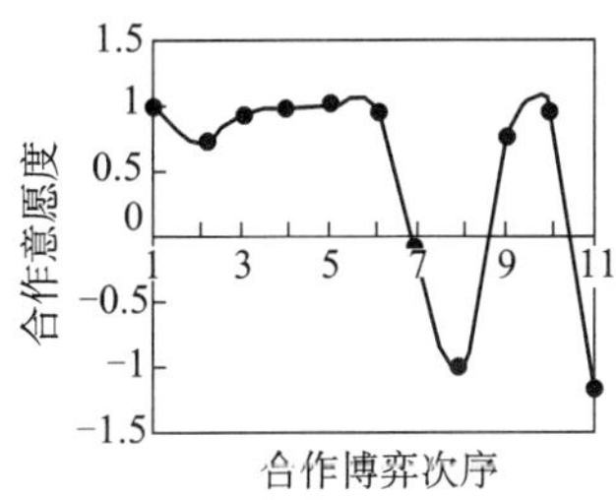

图 4-6　案例 1 中分红多（虚拟事件）时外方合作意愿度变化情况

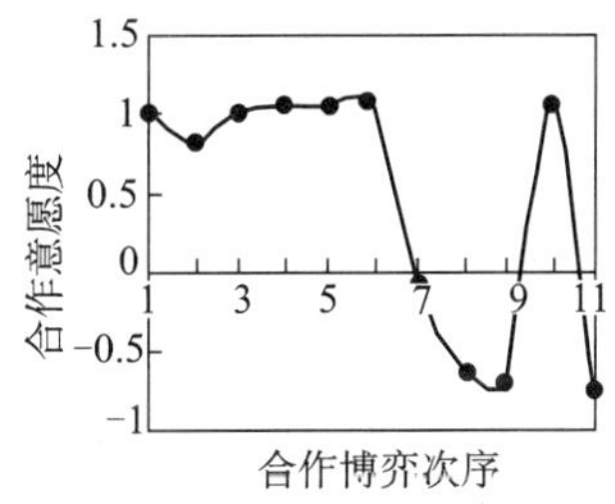

图 4-7　案例 1 中分红少（虚拟事件）时外方合作意愿度变化情况

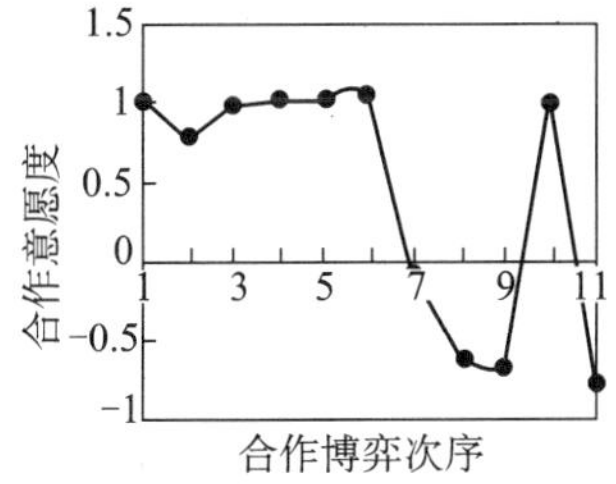

图 4-8　案例 1 中分红不变（虚拟事件）时外方合作意愿度变化情况

在前五次合作博弈事件的处理过程中，外方合作意愿度均高于中方。这是由于，作为大型跨国公司，外方对中国市场前景充满了希望，比较理想的收益分配水平更使他们进一步坚定了在中国长期发展的信心。从第六次事件（分红未达到预期目标）开始，外方合作意愿度急剧下降，连续三次大大低于中方合作意愿度，在第七、第八两个合作事件中甚至是负数，且表现出了不合作的姿态（不提供药品新配方）。出现这种情况是由于 1998 年合资企业注册资金增至1046万美元以后，外方对当年收益分配水平不高的事实尚可接受，但对 1999 年年终分配绝对数量低于增资前的状况很不满意，对中方以及合资企业的发展前景信心严重下降。在第八个合作博弈事件中，外方因对合资企业信心不足而处于观望状态，因而作出了“暂不接受”的选择。

为预测中外双方合作意愿度的未来变化趋势，我们以案例中的合作过程情况设置了三组虚拟合作博弈事件：分红、中方要求外方提供新配方（外方同意）、外方要求撤资（中方不同意，外方违约）。在虚拟分红事件中我们假设了三种情况：分红增多、分红减少、分红不变。

在分红增多（虚拟事件）而且外方同意提供新配方时，中方合作意愿度仍维持较高的水平，外方合作意愿度也急剧升高。当外方要求撤资时，表明外方对与中方的合作前景已经完全失去希望，合作意愿度也降到了最低点－1；中方对外方的撤资要求表示不同意而且合作意愿度急剧下降（对外方的强烈不满导致中方对合作本身失去希望）。如图 4-2 和图 4-6 所示。

在分红减少（虚拟事件）时，中方的合作意愿度进一步下降到－0.8001，外方合作意愿度降至－0.9001。当外方同意提供新配方时，表明他们对合作前景的预期又提高了，中外双方的合作意愿度均随之提高，均为0.9999。如图4-3、图 4-7 所示。

在分红不变（虚拟事件）时，中方的合作意愿度略有下降（由0.9990下降到0.7999），与第七个合作博弈事件大致相同，外方的合作意愿度下降幅度更大（由－0.2011降到－0.8001）。这说明双方对第七次合作博弈事件中收益分配水平均不满意，但外方的不满意程度更高。如图 4-4 和图 4-8 所示。

在案例 1 中，合作之初由于双方的合作动机比较吻合、外方所提供的药品配方较有竞争力，收益满意度较高，因而双方的合作意愿度均较高。随着合作的深入，中方受传统体制的惯性影响逐步表现出来，谈判实力下降，加之中国医药市场竞争加剧，造成收益下降以及外方合作意愿度的急剧下降。最后，外方失望达到一定程度时就可能作出撤资的选择。在我国企业中，尤其是国有企业、集体企业与国外优秀企业的合资行为中，这种现象大量地存在着。

第四节　港方谈判实力下降型鲁港合作意愿度动态变化过程的演化分析

案例 2 中的合资企业是山东淄博某医药集团与中国香港地区某贸易公司于 1994 年共同出资设立的。港方企业是一个规模不大的贸易公司，主要合作动机是利用中国内地的优惠政策获得超额利润，内地的主要合作动机是获得资金、引进先进技术与管理经验、改善产品结构、享受国家优惠政策。除共同的动机享受国家优惠政策之外，合资双方合作动机的吻合程度比较低。

1994 年合资公司正式成立（注册资金 262.5 万美元）后，先后经过了 1994 年分红、港方管理人员退出、1997 年分红、1998 年分红、内地要求港方开拓国际市场、1999 年分红、山东要求港方提前撤资等 8 个重要合作博弈事件。双方合作博弈的逻辑过程如图 4-9 所示，合作博弈的历史信息见表 4-5～表 4-7，合作意愿度的模拟结果见表 4-8 和图 4-10～图 4-17。

表 4-5　案例 2 中合资企业各方零记忆合作意愿度及预期收益

<table>
<tr><th colspan="3">合作博弈次序</th><th>山东零记忆合作意愿度</th><th>港方零记忆合作意愿度</th><th>山东预期收益</th><th>港方预期收益</th></tr>
<tr><td colspan="3">1</td><td>1</td><td>1</td><td>1</td><td>1</td></tr>
<tr><td colspan="3">2</td><td>1</td><td>0.8</td><td>0.1598</td><td>0.1414</td></tr>
<tr><td colspan="3">3</td><td>0.8</td><td>0.8</td><td>1</td><td>0.8</td></tr>
<tr><td colspan="3">4</td><td>0.8</td><td>1</td><td>0.1436</td><td>0.1544</td></tr>
<tr><td colspan="3">5</td><td>0.6</td><td>1</td><td>0.1243</td><td>0.1535</td></tr>
<tr><td colspan="3">6</td><td>0.8</td><td>1</td><td>0.8</td><td>0.8</td></tr>
<tr><td colspan="3">7</td><td>0.6</td><td>1</td><td>0.1085</td><td>0.1499</td></tr>
<tr><td colspan="3">8</td><td>−0.8</td><td>1</td><td>1</td><td>1</td></tr>
<tr><td rowspan="5">虚拟事件</td><td rowspan="3">9</td><td>分红多</td><td>−1</td><td>1</td><td>0.1085</td><td>0.1623</td></tr>
<tr><td>分红少</td><td>−0.8</td><td>0.8</td><td>0.1085</td><td>0.1623</td></tr>
<tr><td>分红不变</td><td>−1</td><td>1</td><td>0.1085</td><td>0.1623</td></tr>
<tr><td colspan="2">10</td><td>−0.8</td><td>1</td><td>0.5</td><td>1</td></tr>
<tr><td colspan="2">11</td><td>−1</td><td>1</td><td>1</td><td>1</td></tr>
</table>

表 4-6　案例 2 中合资企业合作博弈山东收益

<table>
<tr><th colspan="3">合作博弈次序</th><th>群体合作中方收益</th></tr>
<tr><td colspan="3">1</td><td>0.5</td></tr>
<tr><td colspan="3">2</td><td>−0.0495</td></tr>
<tr><td colspan="3">3</td><td>0.8</td></tr>
<tr><td colspan="3">4</td><td>0.1377</td></tr>
<tr><td colspan="3">5</td><td>0.2061</td></tr>
<tr><td colspan="3">6</td><td>1</td></tr>
<tr><td colspan="3">7</td><td>0.22</td></tr>
<tr><td colspan="3">8</td><td>1</td></tr>
<tr><td rowspan="5">虚拟事件</td><td rowspan="3">9</td><td>分红多</td><td>0.3015</td></tr>
<tr><td>分红少</td><td>0.1005</td></tr>
<tr><td>分红不变</td><td>0.22</td></tr>
<tr><td colspan="2">10</td><td>0.8</td></tr>
<tr><td colspan="2">11</td><td>−0.5</td></tr>
</table>

表 4-7　案例 2 中合资企业合作博弈港方收益

合作博弈次序			群体合作港方收益
1			0.5
2			−0.0495
3			0.5
4			0.1468
5			0.2161
6			1
7			0.22
8			−1
虚拟事件	9	分红多	0.286
		分红少	0.1467
		分红不变	0.22
	10		0.8
	11		1

表 4-8　案例 2 中合资企业合作双方博弈结果

合作博弈次序			山东合作意愿度	港方合作意愿度
1			1	1
2			0.8918	0.8918
3			0.7410	0.6610
4			0.7804	0.9617
5			0.5928	0.9860
6			0.7972	0.9946
7			0.5989	0.9976
8			−0.8004	0.9990
虚拟事件	9	分红多	−1	0.9999
		分红少	−0.8002	0.7999
		分红不变	−1	0.9999
	10		−0.8001	0.9999
	11		−1	0.9999

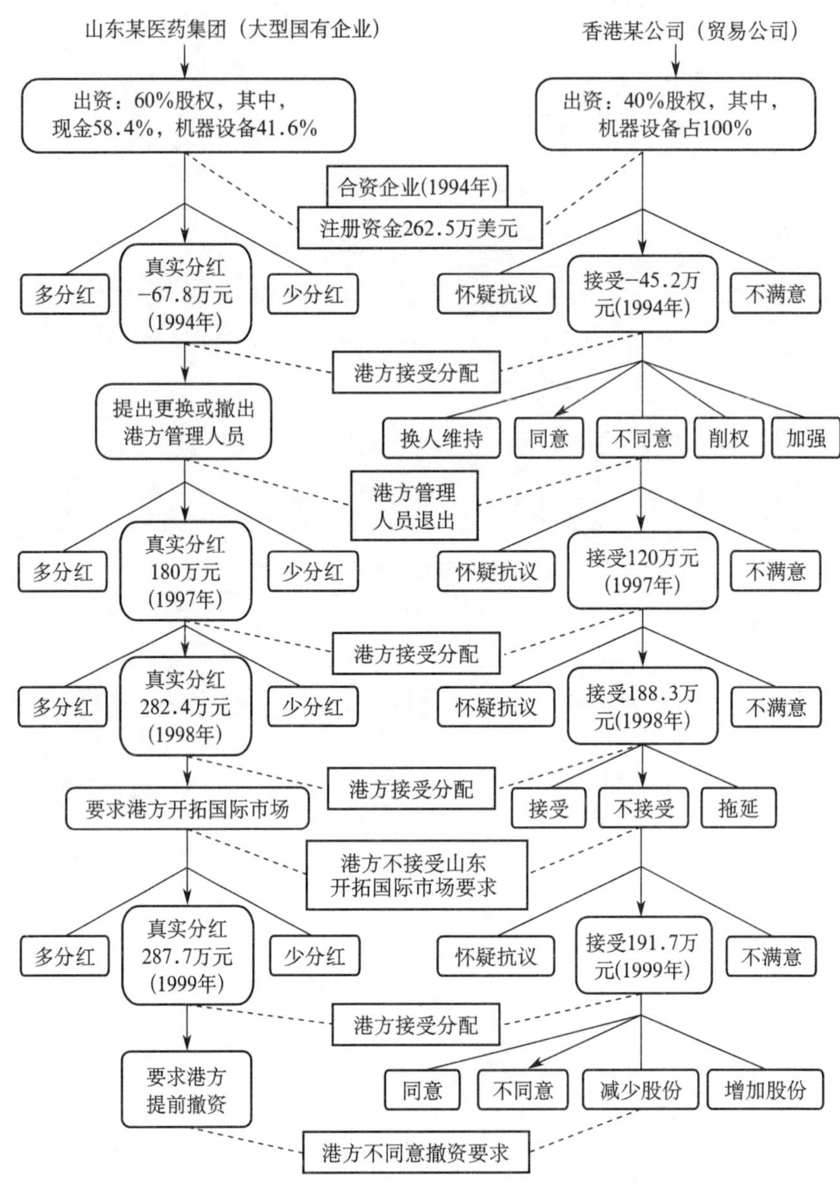

图 4-9　案例 2 中合资企业双方的合作博弈逻辑过程图

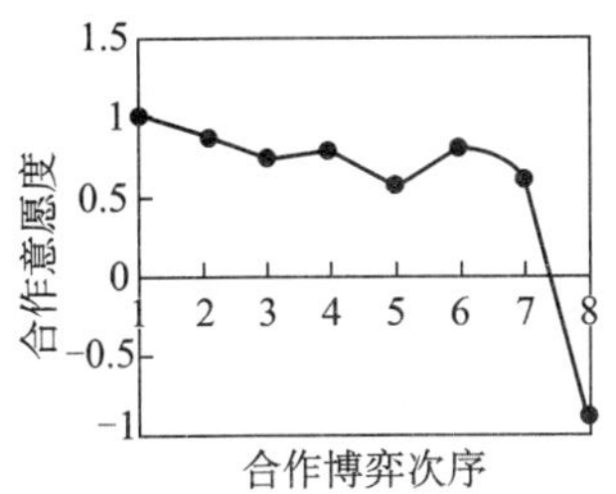

图 4-10　案例 2 中合作博弈过程中山东合作意愿度实际变化情况

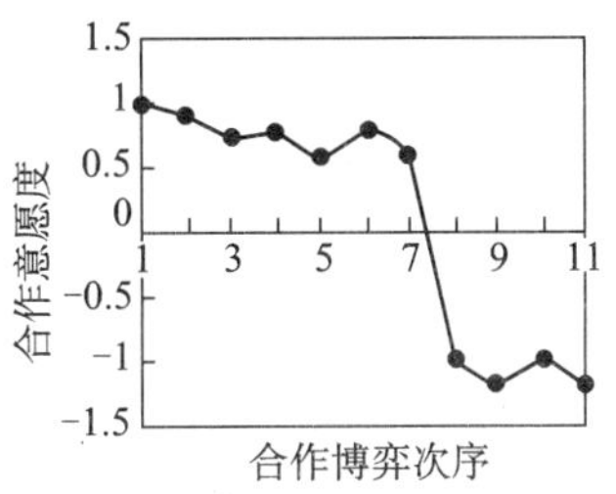

图 4-11　案例 2 中分红多（虚拟事件）时山东合作意愿度变化情况

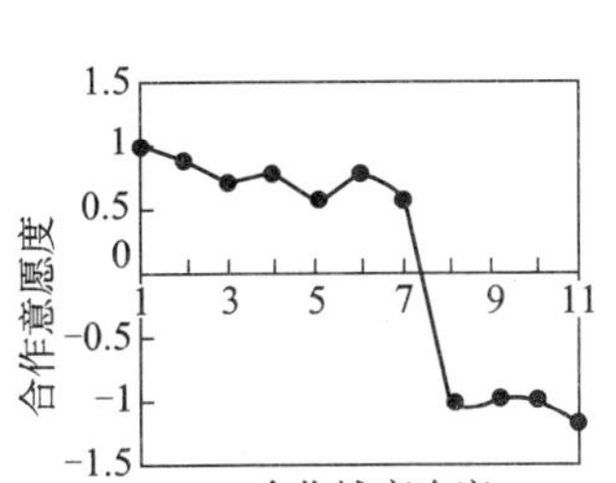

图 4-12　案例 2 中分红少（虚拟事件）时山东合作意愿度变化情况

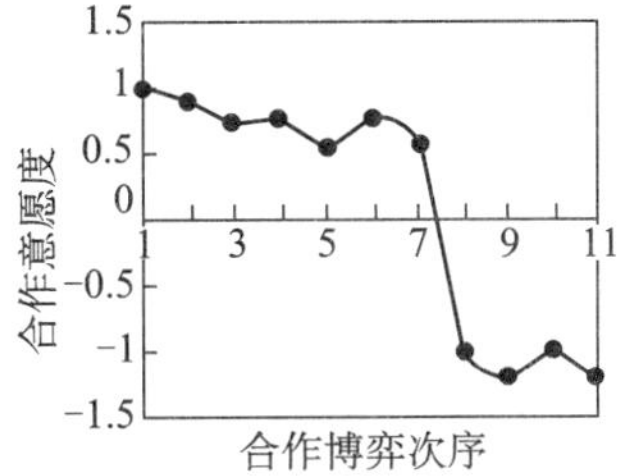

图 4-13　案例 2 中分红不变(虚拟事件）时山东合作意愿度变化情况

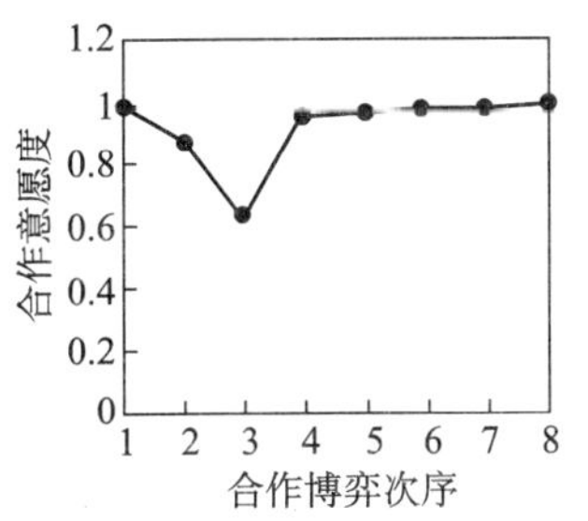

图 4-14　案例 2 中合作博弈过程中港方合作意愿度实际变化情况

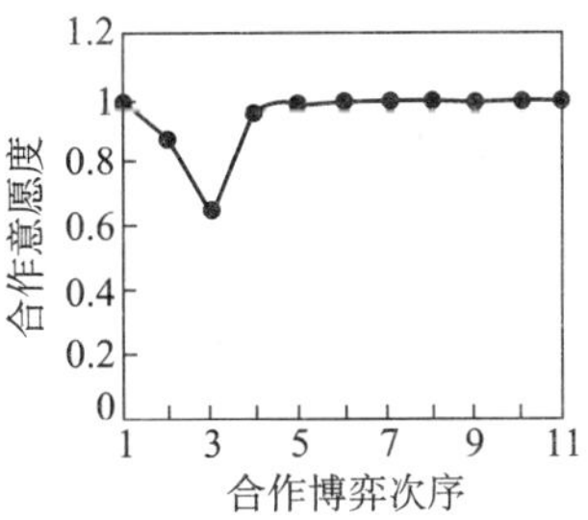

图 4-15　案例 2 中分红多（虚拟事件）时港方合作意愿度变化情况

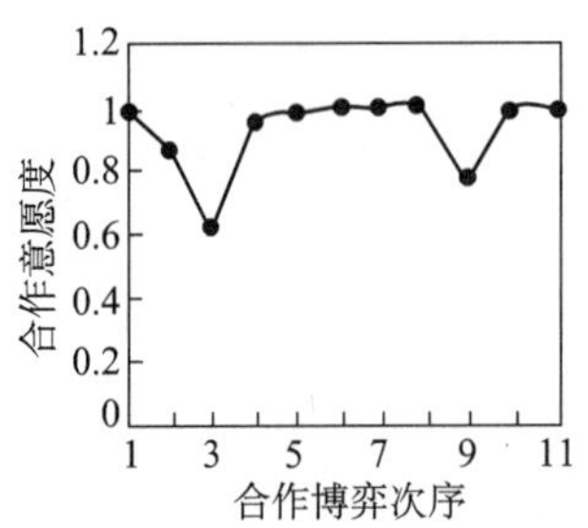

图 4-16 案例 2 中分红少（虚拟事件）时港方合作意愿度变化情况

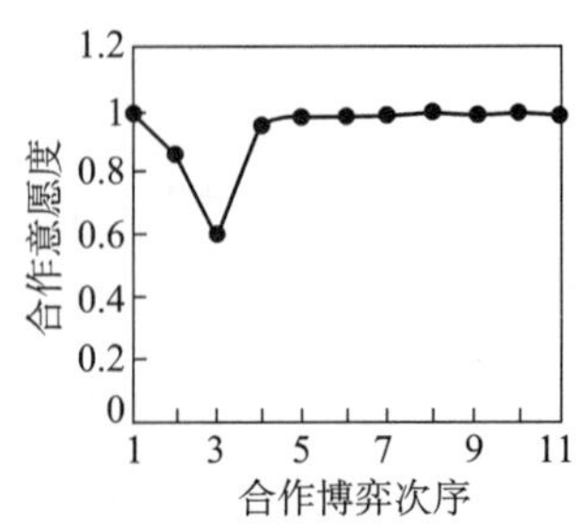

图 4-17 案例 2 中分红不变（虚拟事件）时港方合作意愿度变化情况

根据表 4-8 和图 4-10～图 4-17 所表明的计算结果，并结合图 4-9，我们可以清楚地看出：在前七次合作博弈事件中，山东合作意愿度处于较高水平，但呈逐步下降趋势。在 1999 年分红事件之后，山东合作意愿度急剧下降，降到 0 以下很低的水平。这主要是由港方所选派管理人员素质较低以及作为单纯贸易公司综合谈判实力逐步下降造成的。尤其是在第六次合作博弈事件中，山东要求港方开拓国际市场而港方表示无奈（没有能力），再加上此后 1999 年分红事件中双方均收益丰厚，更显示出港方在合资企业中的赢利贡献能力严重不足，无法满足山东引进先进技术与管理、改善产品结构、开拓国际市场等合作动机。相反，港方在第三次合作博弈事件之前合作意愿度呈逐步下降的趋势，但在第四次合作博弈事件之后一直处于很高的水平（接近于最高水平 1）。这是因为港方在合作之初掌握着中方急需的资源（资金），双方在合作中的管理冲突又比较严重，1994 年分红时合资企业严重亏损；但 1997 年以后的分红水平一直处于较高的状况，港方收益满意度很高，主要合作动机的实现程度很高，因此山东要求港方撤资时港方不同意。

根据案例 2 的现实情况，我们设定三组虚拟合作博弈事件，在虚拟分红事件中假设分红增多、分红减少、分红不变三种情况。

在分红增多（虚拟事件）时，山东合作意愿度进一步下降，降到－1 的最低水平。这是因为，合资企业的收益水平越高，内地对港方不断下降的贡献能力就越不满，合作意愿度越低。当港方同意开拓国际市场时（虚拟事件），山东合作意愿度又略有上升，这表明山东对港方的合作态度寄予一点希望，但期望值并不高。当合作期满港方要求续约时（虚拟事件），山东因对港方的贡献能力严重不满而表示不同意，合作意愿度降至－1。如图 4-11所示。相反，港方合作意愿度与收益分配水平成正比，合作意愿度一直处于接近于 1 的最高水平，在山东再次要求开拓国际市场时也勉为其难地表示同意，合作期满之后提出了续约的要求。如图 4-15 所示。

在分红减少（虚拟事件）时，山东的合作意愿度没有明显的变化，仍然处于很低的水平（－0. 8002）；在这种情况下，港方合作意愿度也出现下降，降至0. 7999，但仍处于较高的水平，说明港方对降低以后的收益水平仍然比较满意。所以，当山东提出开拓国际市场的要求时港方表示同意，仍表现出很高的合作意愿度（0. 9999）。如图 4-12 和图 4-16 所示。

在分红不变（虚拟事件）时，山东合作意愿度进一步下降（降到最低点），而港方合作意愿度则仍处于很高的水平（0. 9999），双方的合作意愿度分别处于最高和最低两个极端水平。如图 4-13 和图 4-17 所示。

在案例 2 中，合作之初由于港方能够满足山东引进外资、成立合资企业、利用优惠政策等基本合作动机，在前七次合作博弈事件中双方合作意愿度都处于很高和较高的水平。但是，随着合作的深入，双方整体合作匹配度较低的问题越来越充分地暴露出来，尤其是港方综合谈判实力的下降，山东的优势地位越来越明显，导致合作后期收益丰厚情况下双方的合作意愿度基本上处于最高与最低两种极端的水平。其主要原因在于双方尤其是山东对合作伙伴的选择有重大失误，最终导致合作匹配度较急剧下降、合作冲突水平越来越高的情况。

第五节　双方均“耍小聪明”型中外方合作意愿度动态变化过程的演化分析

案例 3 中的合资企业是山东青岛某中型制衣企业集团（国有企业）与日本某株式会社（综合商社）共同出资于 1995 年设立的，双方各占 50％股份，合资企业产品 95％由外方负责外销。外方是一个规模较大的日本综合商社，拥有合资企业产品的国外销售渠道，主要合作动机是享受中国优惠政策，并通过中国相对廉价劳动力降低成本。中方的主要合作动机是获得资金、享受国家优惠政策、开拓国际市场。双方的合作动机是比较吻合的，但是合作冲突水平很高，双方合作意愿度在合作期内的大部分时间里都很低。

1995 年合资公司正式成立（注册资金 30 万美元）以后，先后经过了 1995 年分红、中方要求扩大外销数量、提高外销价格、1997 年分红、外方要求加强对合资企业的控制权并选派董事长、1998 年分红、双方均以小聪明手段提高本方收益、1999 年分红、中方要求外方管理人员退出等 9 个重要合作博弈事件。中外方合作博弈的逻辑过程如图 4-18 所示，合作博弈的历史信息见表 4-9～表 4-11，合作意愿度的模拟结果见表 4-12 和图 4-19～图 4-26。

表 4-9 案例 3 中合资企业中外双方零记忆合作意愿度及预期收益

合作博弈次序			中方零记忆合作意愿度	外方零记忆合作意愿度	中方预期收益	外方预期收益
1			1	1	1	1
2			0.8	0.6	0.1598	0.1583
3			0.6	0.3	0.8	0.8
4			0.3	0.2	0.1436	0.1544
5			0.1	0.5	1	0.8
6			0.1	0.1	0.1243	0.1535
7			0.1	0.1	0.4	0.4
8			0.1	0.1	0.1085	0.1499
9			0.1	0.1	0.5	0.4
虚拟事件	10	分红多	1	0.8	0.1085	0.1623
		分红少	−0.5	−0.2	0.1085	0.1623
		分红不变	0.1	0.1	0.1085	0.1623
	11		0.5	0.5	0.5	0.5
	12		−1	0.1	0.2	0.5

表 4-10 案例 3 中合资企业合作博弈中方收益

合作博弈次序			群体合作中方收益
1			0.5
2			−0.2165
3			0.8
4			−0.4096
5			−0.8
6			−2.4096
7			0.2
8			−2.7149
9			0.2
虚拟事件	10	分红多	0.1085
		分红少	−4.0724
		分红不变	−2.7149
	11		0.5
	12		0

表 4-11　案例 3 中合资企业合作博弈外方收益

<table>
<tr><th colspan="3">合作博弈次序</th><th>群体合作外方收益</th></tr>
<tr><td colspan="3">1</td><td>0.5</td></tr>
<tr><td colspan="3">2</td><td>−0.2165</td></tr>
<tr><td colspan="3">3</td><td>0.8</td></tr>
<tr><td colspan="3">4</td><td>−0.4096</td></tr>
<tr><td colspan="3">5</td><td>0.8</td></tr>
<tr><td colspan="3">6</td><td>−2.4096</td></tr>
<tr><td colspan="3">7</td><td>0.2</td></tr>
<tr><td colspan="3">8</td><td>−2.7149</td></tr>
<tr><td colspan="3">9</td><td>0.2</td></tr>
<tr><td rowspan="5">虚拟事件</td><td rowspan="3">10</td><td>分红多</td><td>0.1085</td></tr>
<tr><td>分红少</td><td>−4.0724</td></tr>
<tr><td>分红不变</td><td>−2.7149</td></tr>
<tr><td colspan="2">11</td><td>0.5</td></tr>
<tr><td colspan="2">12</td><td>0</td></tr>
</table>

表 4-12　案例 3 中合资企业合作中外双方博弈结果

<table>
<tr><th colspan="3">合作博弈次序</th><th>中方合作意愿度</th><th>外方合作意愿度</th></tr>
<tr><td colspan="3">1</td><td>1</td><td>1</td></tr>
<tr><td colspan="3">2</td><td>0.5372</td><td>0.5372</td></tr>
<tr><td colspan="3">3</td><td>0.4620</td><td>0.1754</td></tr>
<tr><td colspan="3">4</td><td>0.2492</td><td>0.1542</td></tr>
<tr><td colspan="3">5</td><td>0.0877</td><td>0.4879</td></tr>
<tr><td colspan="3">6</td><td>0.0978</td><td>0.0956</td></tr>
<tr><td colspan="3">7</td><td>0.0995</td><td>0.0993</td></tr>
<tr><td colspan="3">8</td><td>0.0998</td><td>0.0997</td></tr>
<tr><td colspan="3">9</td><td>0.1000</td><td>0.0999</td></tr>
<tr><td rowspan="5">虚拟事件</td><td rowspan="3">10</td><td>分红多</td><td>0.9999</td><td>0.7999</td></tr>
<tr><td>分红少</td><td>−0.5001</td><td>−0.2001</td></tr>
<tr><td>分红不变</td><td>0.0998</td><td>0.0999</td></tr>
<tr><td colspan="2">11</td><td>0.5000</td><td>0.5000</td></tr>
<tr><td colspan="2">12</td><td>−1</td><td>0.1000</td></tr>
</table>

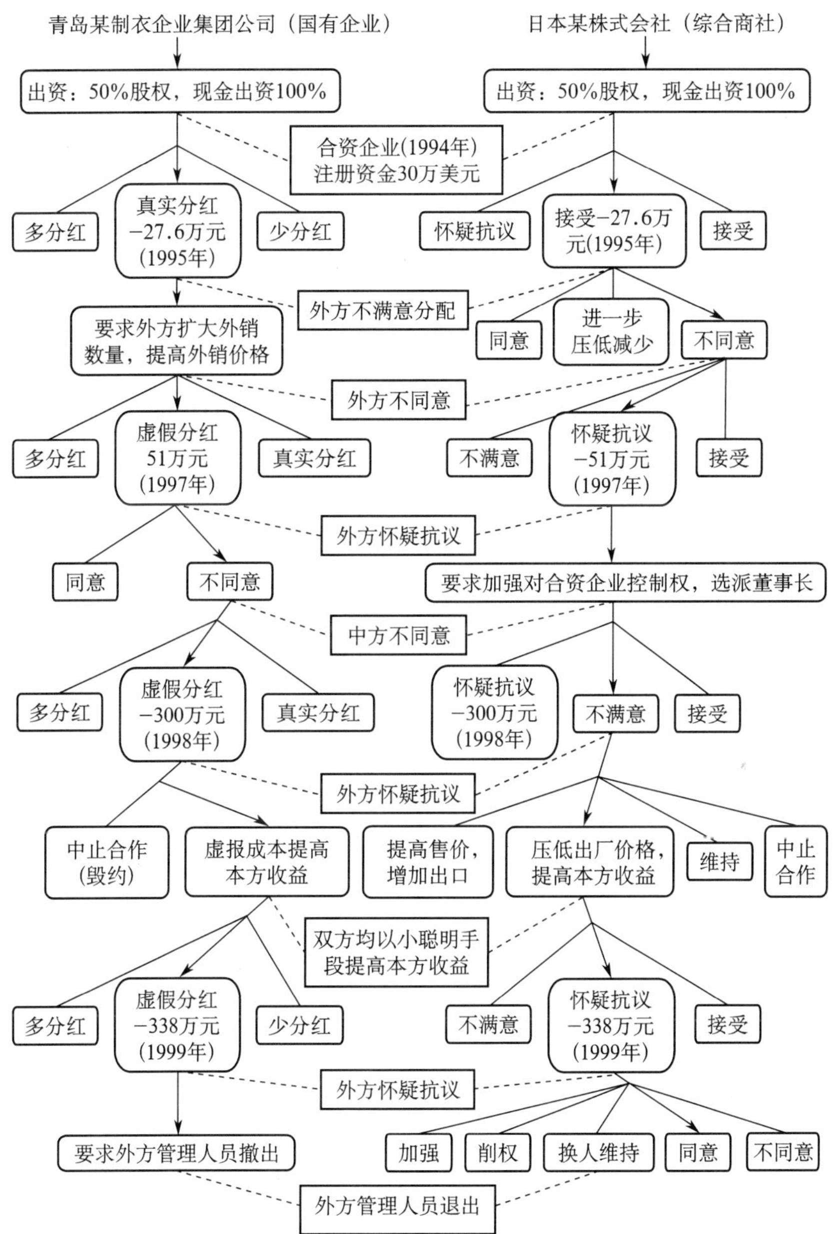

图 4-18　案例 3 中合资企业各方的合作博弈逻辑过程图

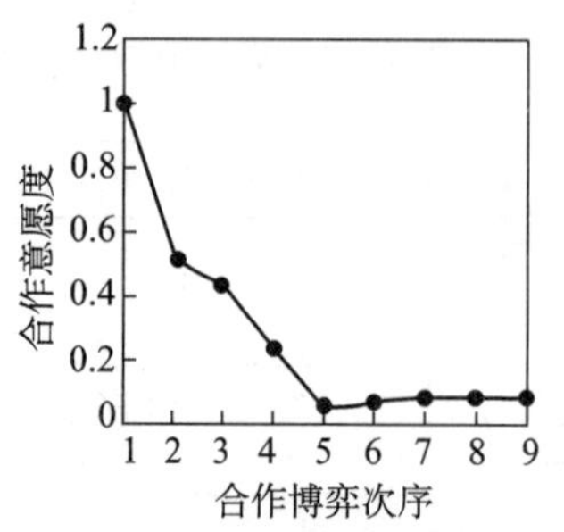

图 4-19　案例 3 中合作博弈过程中中方合作意愿度实际变化情况

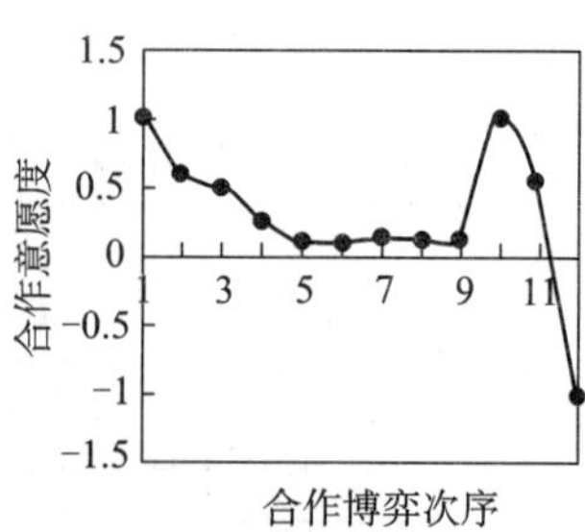

图 4-20　案例 3 中分红多（虚拟事件）时中方合作意愿度变化情况

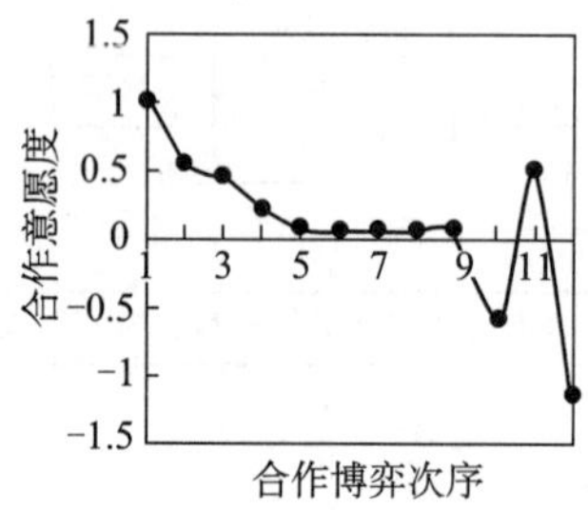

图 4-21　案例 3 中分红少（虚拟事件）时中方合作意愿度变化情况

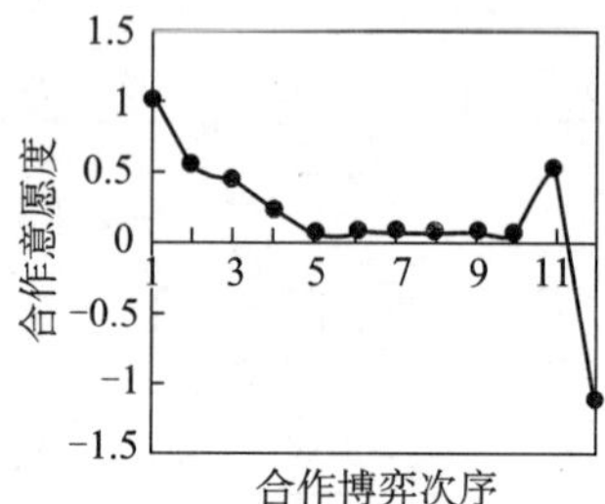

图 4-22　案例 3 中分红不变（虚拟事件）时中方合作意愿度变化情况

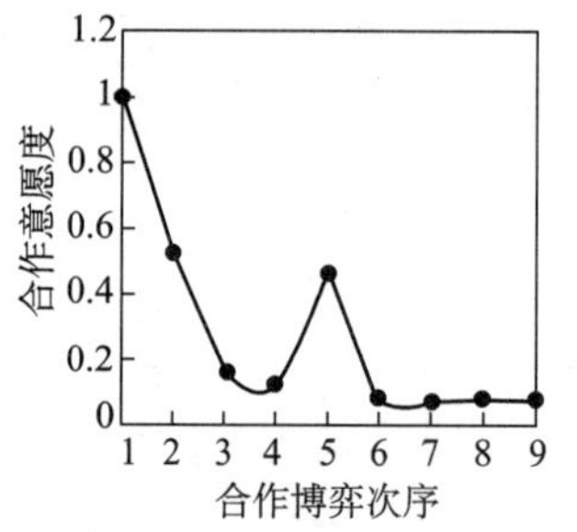

图 4-23　案例 3 中合作博弈过程中外方合作意愿度实际变化情况

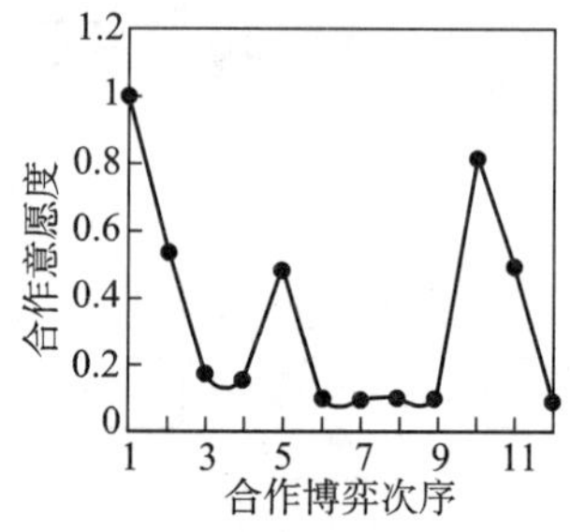

图 4-24　案例 3 中分红多（虚拟事件）时外方合作意愿度变化情况

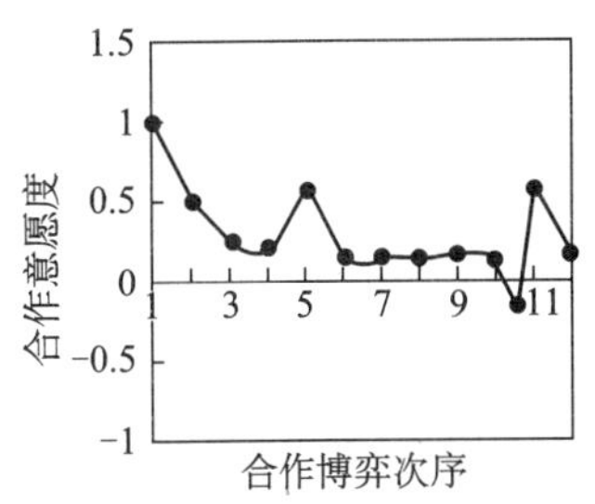

图 4-25　案例 3 中分红少（虚拟事件）时外方合作意愿度变化情况

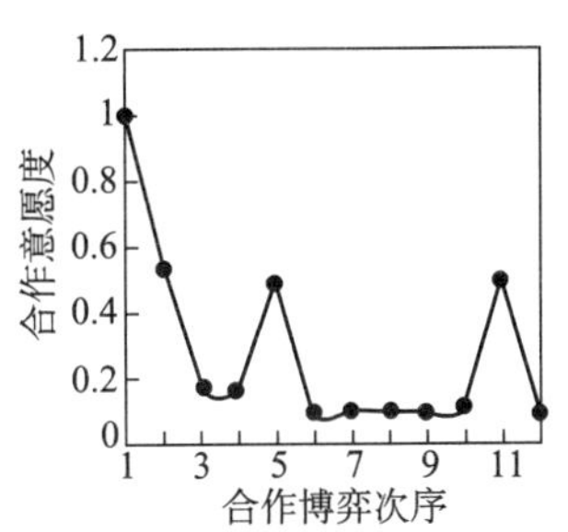

图 4-26　案例 3 中分红不变（虚拟事件）时外方合作意愿度变化情况

根据表 4-12 和图 4-19～图 4-26 所表明的计算结果，再结合图 4-18，我们可以清楚地看出：在第一至第五次合作博弈事件中，中方合作意愿度呈连续下降趋势，从 1 降到0.0877，此后一直维持在接近于 0 的很低的水平，但是却没有降到 0 以下。外方在第六次合作博弈事件以后合作意愿度也处于这种状况。其主要原因在于，外方对合资企业投资的绝对数量很小（只有 15 万美元），收益主要体现在合资企业产品外销的利润中，再加上 1995 年第一次分红时合资企业巨额亏损，到 1998 年分红时外方在合资企业中的净资产实际上已经亏损完，外方对合作本身已经不寄予希望，而只是寄希望于从合资企业获得廉价而稳定的供货渠道。

中方在第三次合作博弈事件中要求外方扩大外销数量、提高外销价格，外方不同意。此后，中方对合作本身也不寄予希望，只好利用对合资企业的控制权虚报成本、虚假分红提高本方收益。实际上，中外双方都已经不寄希望于从合作中受益，但都不愿意中止合作，都在要“小聪明”。尽管合资企业表现出巨额亏损，但实际上双方均有收益。这就造成双方合作意愿度均不高但一直没有达到 0 或者低于 0 的状况。因此，当中方要求外方管理人员撤出时外方表示同意。

根据案例 3 的现实合作情况，我们设定了三组虚拟合作博弈事件：分红、中方要求外方提高外销价格（外方同意）、中方要求撤资（外方不同意）。在虚拟的分红事件中，我们假设了三种情况：分红增多、分红减少、分红不变。

在分红增多（虚拟事件）的情况下，中方合作意愿度急剧上升，由0.1000上升到0.9999的高水平，外方合作意愿度由0.0999上升到0.7999。可见，分红增加50%使双方都对合资企业寄予很大的希望，合作意愿度都上升到很高的水平。当外方同意提高外销产品价格时（虚拟事件），中方合作意愿度为0.5000，比第九次合作博弈事件有了很大的提高，这表明中方对合资企业外销产品价格非常重视，或者说外销产品价格对合资企业的发展、对合作水平起着很重要的作用。在第12次合作博弈事件（虚拟事件）中，中方因对合作完全失去希望，合作意愿度降至－1，要求外方撤资。外方不同意撤资，合作意愿度为0.1，说明外方实际上通过控制合资企业产品的外销仍得到了可以接受的收益。如图4-20和图4-24所示。

在分红减少（虚拟事件）时，中外双方的合作意愿度都急剧下降到0以下的负值（－0.5001、－0.2001），这是由于亏损水平已经严重到危及双方的实际收益；在这种情况下，合资企业对双方来说实际上已经不存在价值了。所以，第八次合作博弈事件中的亏损水平是双方实际上能够接受的，亏损再增加50%就打破了原有的均衡，导致合作的破裂。如图4-21和图4-25所示。

在分红不变（虚拟事件）时，双方合作意愿度没有发生明显的变化，均处于接近0.1的较低点，说明双方在未来的一段时间里各自对本方耍小聪明所带来的收益还可以接受，而且均不寄希望于从合作分红中受益。如图4-22和图4-26所示。

案例3是中外合资企业合作博弈的另一种典型。双方的合作动机是比较吻合的：中方要通过合资开拓国际市场，外方具有国外营销渠道；双方都有通过合资利用中国优惠政策的要求；中方要引进资金，外方愿意投资。尽管有成功合作的基础，但是合作本身并不成功，主要原因在于合资企业注册资金过少。外方实际投入的资金太少（15 万美元），有了产品外销收益以后对分红收益的重视程度就比较低了。迫于无奈，中方也只好通过虚报成本、虚假分红来提高本方的实际收益。出现双方都以“耍小聪明”手段获益的畸形合作的状况。这种状况，还与中国相关政策完善度较低、中方企业受传统体制影响较严重等因素有关。

第六节　初始合作匹配程度较低型中外方合作意愿度动态变化过程的演化分析

案例 4 中的合资企业是山东某滑石矿企业（国有企业）与新加坡某化工制品公司（中型跨国公司）共同出资于 1991 年设立的，中方占 54％股份，外方占 46％股份，合资企业产品全部由外方负责销往东南亚市场。外方企业拥有合资企业产品的国外销售渠道，主要合作动机是利用中国矿产资源和廉价劳动力降低成本、获得超额利润。中方的主要合作动机是开拓国际市场、增加收益。双方的合作动机是比较吻合的。

1991 年合资公司正式成立（注册资金 120 万美元）后，先后经过了 1992 年分红、中方要求外方管理人员退出、1997 年分红、1998 年分红、中方要求外方提高外销价格并增加外销透明度、1999 年分红等 7 个重要合作博弈事件。中外合作双方合作博弈的逻辑过程如图 4-27 所示，合作博弈的历史信息见表 4-13～表 4-15，合作意愿度的模拟结果见表 4-16 和图 4-28～图 4-35。

表 4-13 案例 4 中合资企业中外各方零记忆合作意愿度及预期收益

合作博弈次序			中方零记忆合作意愿度	外方零记忆合作意愿度	中方预期收益	外方预期收益
1			1	1	1	1
2			0.9	0.9	0.1598	0.1325
3			0.1	0.9	0.8	0.7
4			0.8	0.9	0.1436	0.1544
5			0.8	1	0.1243	0.1535
6			0.5	0.6	0.9	0.8
7			0.5	0.9	0.1085	0.1499
虚拟事件	8	分红多	0.5	1	0.1085	0.1623
		分红少	0.5	0.5	0.1085	0.1623
		分红不变	0.5	0.9	0.1085	0.1623
	9		0.8	0.9	0.9	0.9
	10		0.6	0.8	0.9	0.9

表 4-14 案例 4 中合资企业合作博弈中方收益

合作博弈次序			群体合作中方收益
1			0.5
2			0.0846
3			0.9
4			0.0773
5			0.1255
6			0.5
7			0.1365
虚拟事件	8	分红多	0.2048
		分红少	0.0683
		分红不变	0.1365
	9		0.8
	10		0.6

表 4-15　案例 4 中合资企业合作博弈外方收益

合作博弈次序			群体合作外方收益
1			0.5
2			0.0847
3			0.7
4			0.0773
5			0.1255
6			0.8
7			0.1366
虚拟事件	8	分红多	0.1776
		分红少	0.0956
		分红不变	0.1366
	9		0.9
	10		0

表 4-16　案例 4 中合资企业合作中外各方博弈结果

合作博弈次序			中方合作意愿度	外方合作意愿度
1			1	1
2			0.5372	0.5372
3			0.0423	0.8436
4			0.7602	0.8792
5			0.7865	0.9928
6			0.4950	0.597
7			0.4988	0.8990
虚拟事件	8	分红多	0.4995	0.9997
		分红少	0.4995	0.4997
		分红不变	0.4995	0.8997
	9		0.7998	0.8999
	10		0.5999	0.7999

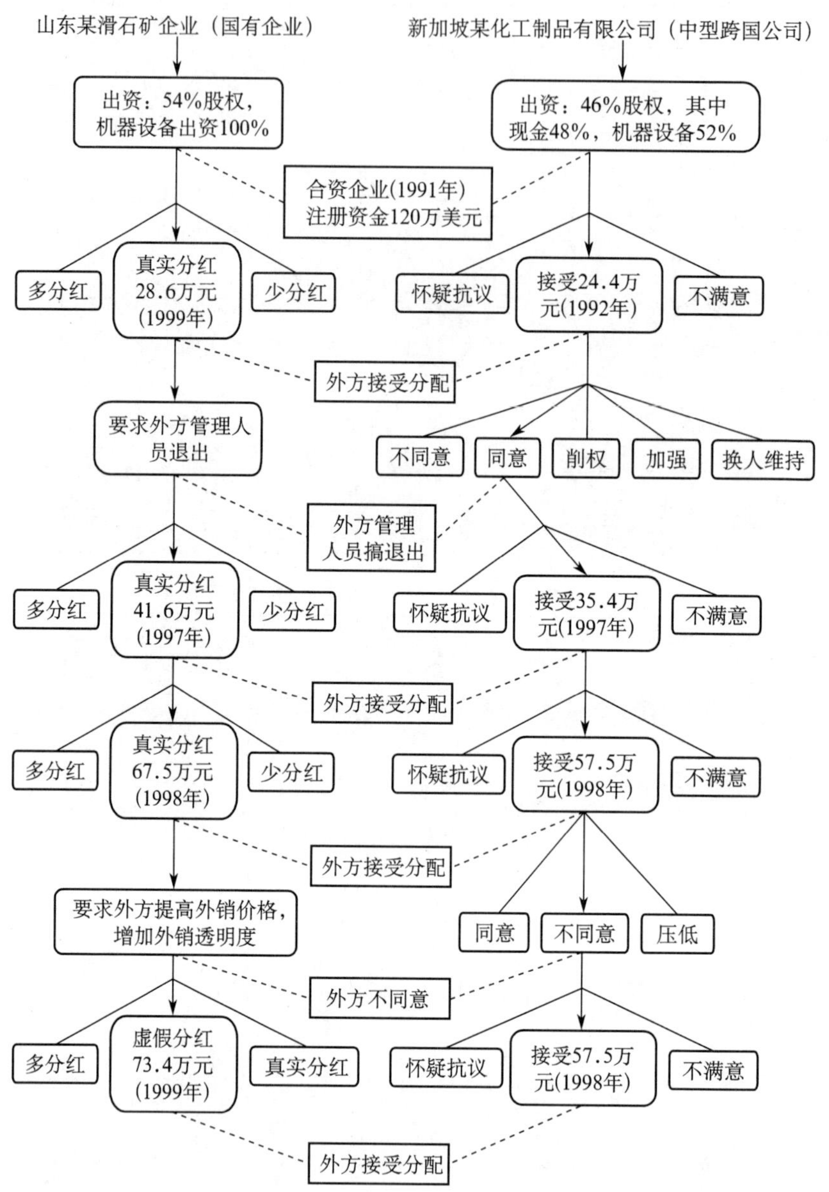

图 4-27　案例 4 中合资企业各方的合作博弈逻辑过程图

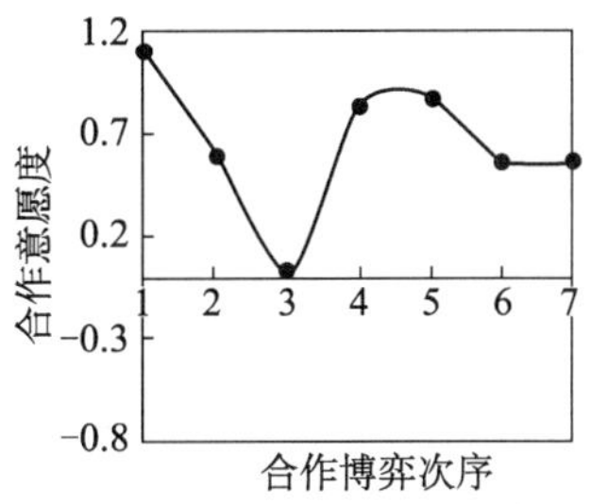

图 4-28　案例 4 中合作博弈过程中中方合作意愿度实际变化情况

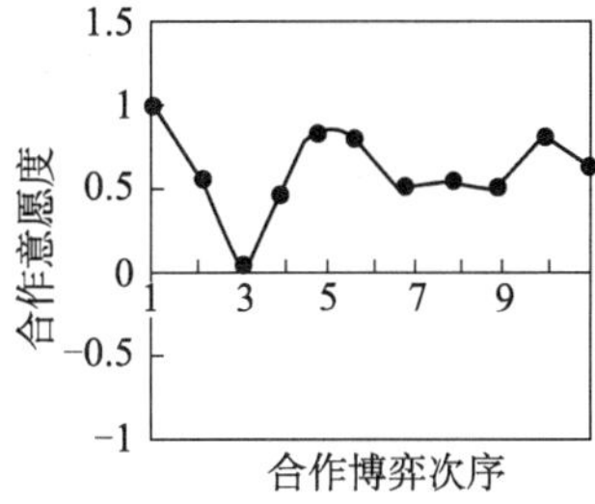

图 4-29　案例 4 中分红多（虚拟事件）时中方合作意愿度变化情况

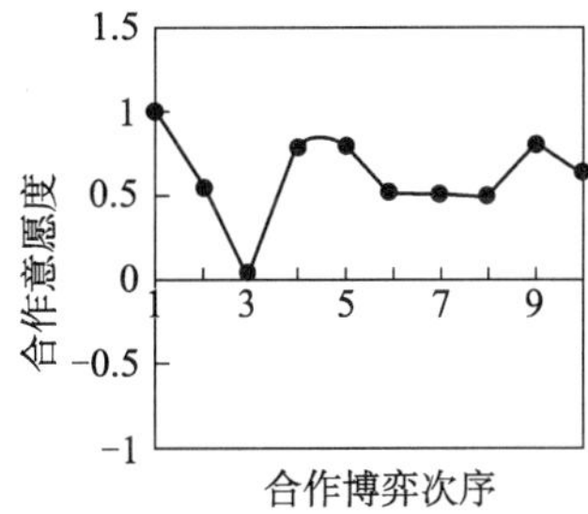

图 4-30　案例 4 中分红少（虚拟事件）时中方合作意愿度变化情况

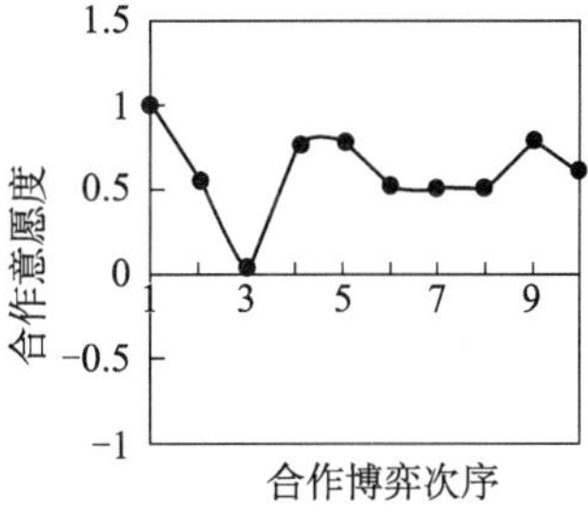

图 4-31　案例 4 中分红不变（虚拟事件）时中方合作意愿度变化情况

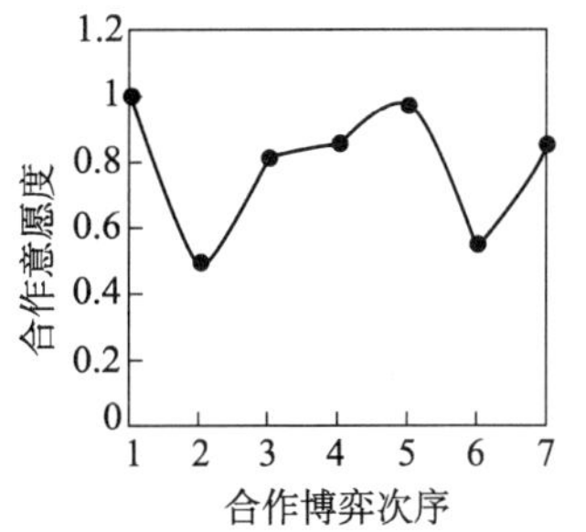

图 4-32　案例 4 中合作博弈过程中外方合作意愿度实际情况

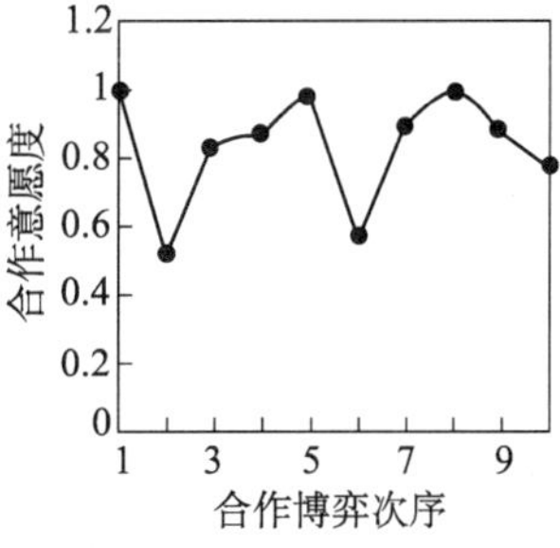

图 4-33　案例 4 中分红多（虚拟事件）时的外方合作意愿度变化情况

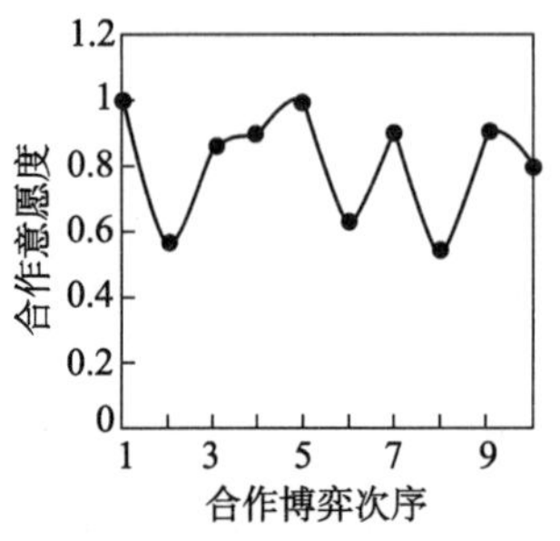

图 4-34　案例 4 中分红少（虚拟事件）时外方合作意愿度变化情况

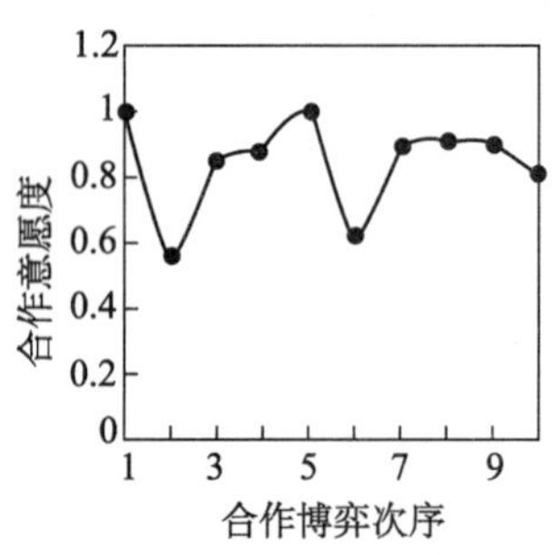

图 4-35　案例 4 中分红不变（虚拟事件）时外方合作意愿度变化情况

根据表 4-16 和图 4-28～图 4-35 所表明的计算结果，再结合图 4-27，我们可以清楚地看出：在第一至第三次合作博弈事件中，中方合作意愿度呈连续下降趋势，从 1 降到0.0423，此后一直维持在0.5～0.8的较高水平，但在第五次合作博弈事件之后有所下降。这是因为在前三次合作博弈事件中，外方管理人员素质、文化冲突等因素造成合作冲突水平过高，在第三次合作博弈事件中达到了中方无法容忍的程度。但外方在第三次合作博弈事件中却表现出较高的合作意愿度（0.8436），这是因为外方对合作抱有较高的收益预期。在第四、五次合作博弈事件中，双方的合作意愿度均处于 0.76～1 的较高水平，这是较高的收益水平促成的。在第六、第七次合作博弈事件中，外方的合作意愿度明显高于中方，这是因为外方不仅对丰厚的分红利润感到满意，而且还从产品外销中得到大量的利润，而中方对外销价格的不满意程度越来越高。所以，在第七次合作博弈事件中中方选择了虚假分红，但外方仍然表示满意。总体来讲，外方的合作收益实际上高于中方，因而合作意愿度的整体水平高于中方。

根据案例 4 的现实合作情况，我们设定了三组虚拟合作博弈事件：分红、中方要求外方提高外销价格（外方同意）、中方要求撤资（外方不同意）。在虚拟的分红事件中，我们假设了三种情况：分红增多、分红减少、分红不变。

在分红增多（虚拟事件）时，中方合作意愿度由第七次合作博弈事件的0.4988上升为0.4995，没有明显的变化，但在外方同意提高外销价格（虚拟事件）时中方的合作意愿度却急剧上升(0.7998)。相反，外方合作意愿度在分红增多的情况下急剧上升到接近于1的高水平（0.9999)。这是因为中方最主要的合作动机是开拓国际市场，追求的主要是长期稳定的国际地位，短期内分红水平的提高对中方的吸引力并不大；而外方除可以从产品外销中大量获益之外，还有增加后的分红，其实际收益是很丰厚的。如图4-29和图4-33所示。

在分红减少（虚拟事件）时，中方合作意愿度与第七次合作博弈事件相比没有明显的变化（由0.4988变为0.4995)，而外方合作意愿度却有较大的下降（由0.8990下降到0.4997)，其下降幅度明显大于中方。这说明外方比中方更加重视短期实际收益。如图4-30和图4-34所示。

当分红不变时，中外双方合作意愿度与第七次合作博弈事件相比没有明显变化。如图4-31和图4-35所示。

案例4与案例3有相同之处，也有明显的不同。在案例4中，双方的合作动机也是比较吻合的，合作后期双方也都以“小聪明”手段增加本方收益。但是，中方企业远远不满足于分红收益和虚报成本、虚假分红所增加的收益，而外方对合资企业的发展以及分红收益的重视程度也高于案例3。其主要原因在于：中方的资源优势和产品优势比较明显，合资企业的运营状况比较好；外方在合资企业中实际投入53.2万美元，在合资企业中的资产数量随合作期的延长而不断增加，到第七次合作博弈事件时已经增加到100万美元以上，外方不可能完全无视这一部分可观优良资产的存在。在现实的合资行为中，各方的出资额应足够大到对其合作行为可以起到牵制作用的数量，否则合作很难成功。

第七节　合作中止型中外方合作意愿度动态变化过程的演化分析

案例5中的合资企业是山东青岛某化工公司（中型国有企业）与法国某大型跨国公司共同出资于1993年设立的（注册资金973.5万美元），中方占25%的股份，外方占75%股份。外方企业是一个世界一流的大型跨国公司，主要合作动机是为利用中国优惠政策和廉价劳动力降低成本、进入中国市场。中方的主要合作动机是为获得资金和先进技术、享受国家优惠政策。双方的合作动机是比较吻合的，但是实际合作冲突水平很高，合作最终以失败告终。

1996年7月合资公司正式投产后，先后经过了外方要求中方减少管理人员以提高效率、降低成本、1996年分红、外方要求大量更换中方管理人员以改善管理、1997年分红、外方要求买断中方全部股权等6个重要合作博弈事件。中外合作双方合作博弈的逻辑过程如图4-36所示，合作博弈的历史信息见表4-17～表4-19，合作意愿度的模拟结果见表4-20和图4-37、图4-38。

表4-17　案例5中合资企业中外各方零记忆合作意愿度及预期收益

合作博弈次序	中方零记忆合作意愿度	外方零记忆合作意愿度	中方预期收益	外方预期收益
1	1	1	1	1
2	0.5	0.8	0.8	1
3	0.8	0.6	0.1553	0.1527
4	0.4	0.6	0.8	1
5	0.5	0.2	0.1436	0.1544
6	0	0	0	1

表 4-18　案例 5 中合资企业合作博弈中方收益

合作博弈次序	群体合作中方收益
1	0.5
2	0.8
3	−0.2688
4	0.8
5	−0.2723
6	0

表 4-19　案例 5 中合资企业合作博弈外方收益

合作博弈次序	群体合作外方收益
1	0.5
2	1
3	−0.2688
4	1
5	−0.2723
6	1

表 4-20　案例 5 中合资企业合作中外各方博弈结果

合作博弈次序	中方合作意愿度	外方合作意愿度
1	1	1
2	0.5372	0.5373
3	0.6647	0.4647
4	0.3731	0.5730
5	0.4901	0.1901
6	−0.0251	−0.0250

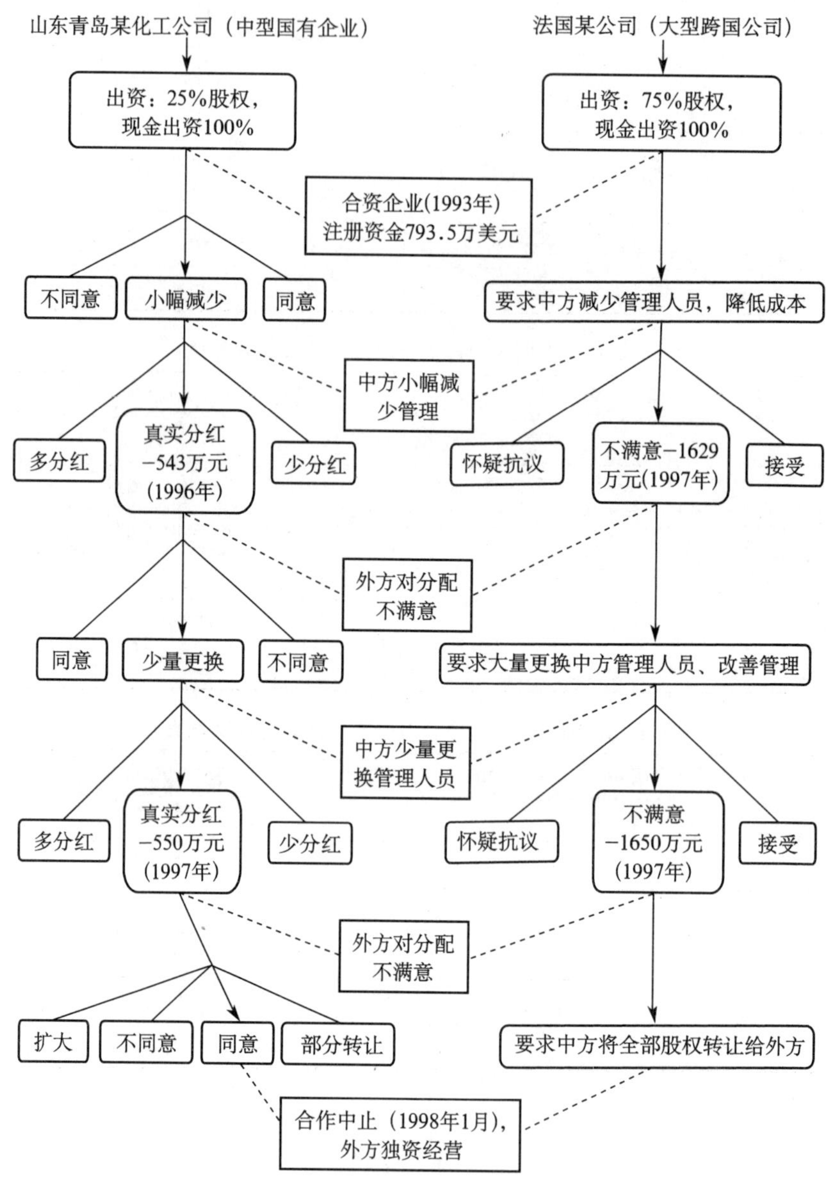

图 4-36　案例 5 中合资企业各方的合作博弈逻辑过程图

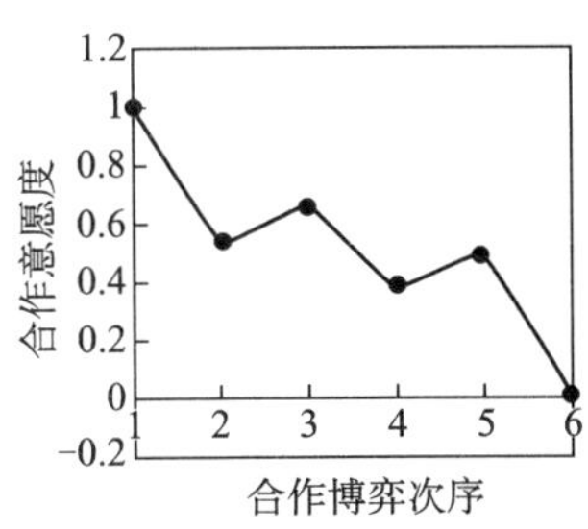

图 4-37　案例 5 中合作博弈过程中中方合作意愿度实际变化情况

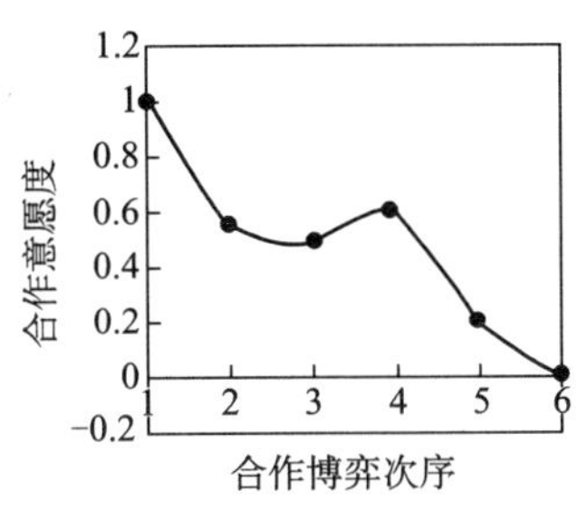

图 4-38　案例 5 中合作博弈过程中外方合作意愿度实际变化情况

根据表 4-20 和图 4-37、图 4-38 所表明的计算结果，再结合图 4-36，我们可以清楚地看出：双方的合作意愿度基本上都呈连续下降的趋势，中方由 1 下降到－0.0251，外方由 1 下降到－0.0250。造成这种状况的主要原因在于：双方的合作匹配度较低（中方是中国国有中型企业，外方是世界一流的大型跨国公司）；中方受传统体制的影响程度较高；合作期内行业竞争度提高，市场竞争加剧。尽管合资企业投产之后一直处于严重亏损状态，但在前四次合作博弈事件中，双方的合作意愿度一直处于 1 到0.3731之间，并没有降到很低的水平。这是因为化工类项目一般投资额大、投资回收期长，外方作为大型跨国公司在进入中国市场后的一段时间内可以接受，也能够接受最初几年的亏损，外方对合作本身抱有较大的希望；而中方则由于原企业整体并入合资企业，没有很好的退路，而且对外方的技术水平、经营能力比较信任，相信外方会找到改善合资企业经营状况的办法。在第五次合作博弈事件之后，双方对合作已经完全失望，所以当外方提出买断全部股权的要求时中方表示接受。

在这一案例中，鉴于 1998 年 1 月合作已经中止（由外方独资经营），所以我们没有设定虚拟事件进行预测。

案例 5 是中外合资企业的另一种典型，其基本特征在于：外方占有绝对多数股权（75%）；合作失败，外方独资经营。这一合资项目在20世纪90年代初期曾被国家有关部门作为外方控大股的典型案例研究。可以说，中方企业受传统体制的影响程度在相当长时间内仍是制约中外合资成功的重要原因。事实证明，一般中国企业与国外大公司合资不一定能够成功。

第八节 港方绝对优势型鲁港合作意愿度动态变化过程的演化分析

案例6中的合资企业是山东青岛某食品公司（国有企业）与中国香港地区某食品公司共同出资于1993年形成的，山东占25%股份，港方占70%股份，另由政府部门占5%股份。合资企业产品95%由港方负责销往东亚市场。港方企业拥有固定的国外销售渠道，主要合作动机是利用内地的廉价劳动力降低成本、享受优惠政策、获得超额利润。山东的主要合作动机是引进先进的配方技术、开拓国际市场、享受优惠政策。双方的合作动机是比较吻合的。

1993年合资公司正式成立（注册资金534万元）后，先后经过了1993年分红、港方要求内地配合加强管理并提高产品质量、1998年分红、1999年分红、山东要求提高内地员工待遇、山东要求港方提供新食品配方或技术、2000年分红等8个重要合作博弈事件。合作各方合作博弈的逻辑过程如图4-39所示，合作博弈的历史信息见表4-21～表4-23，合作意愿度的模拟结果见表4-24和图4-40～图4-47。

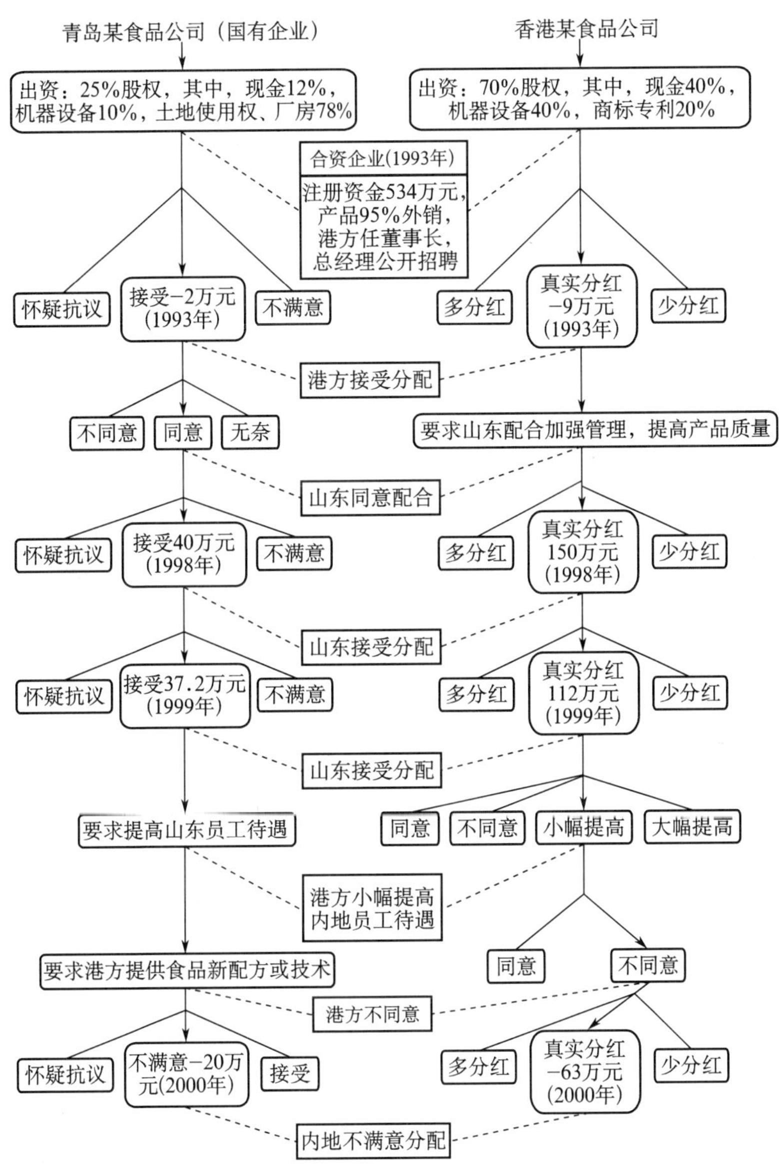

图 4-39　案例 6 合资企业各方的合作博弈逻辑过程图

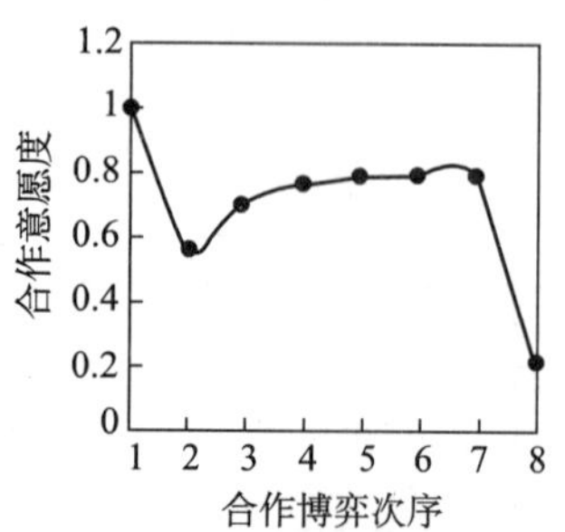

图 4-40 案例 6 中合作博弈过程中山东合作意愿度实际变化情况

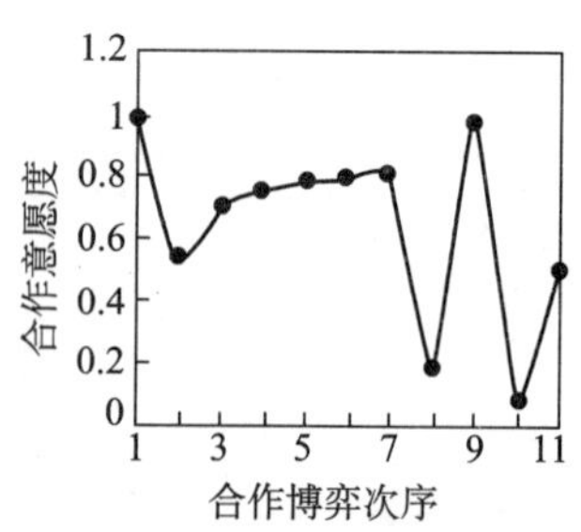

图 4-41 案例 6 中分红多（虚拟事件）时山东合作意愿度变化情况

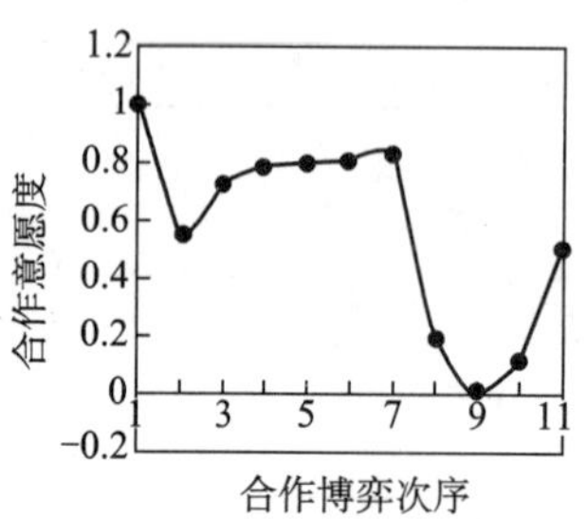

图 4-42 案例 6 中分红少（虚拟事件）时山东合作意愿度变化情况

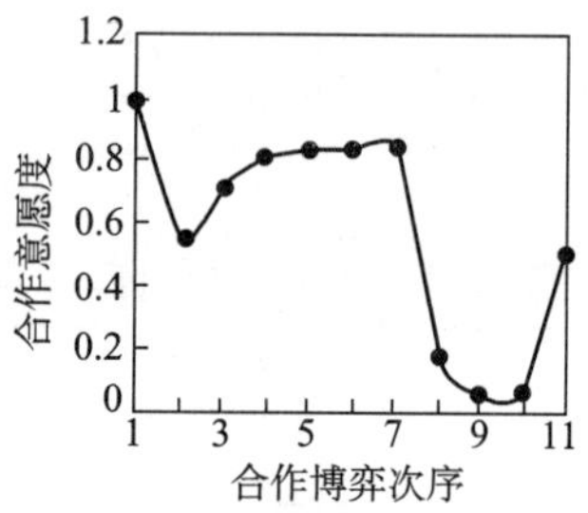

图 4-43 案例 6 中分红不变（虚拟事件）时山东合作意愿度变化情况

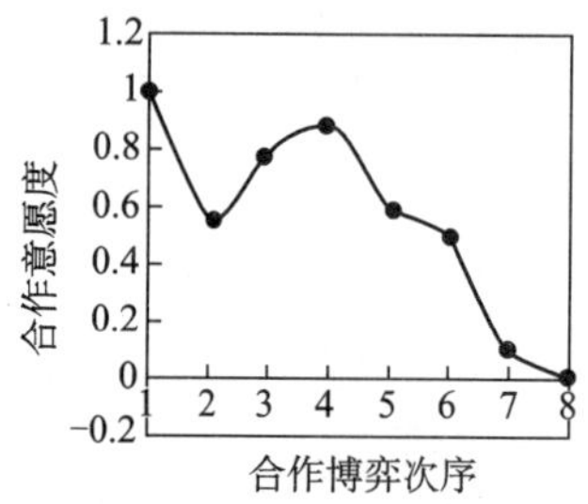

图 4-44 案例 6 中合作博弈过程中港方合作意愿度实际变化情况

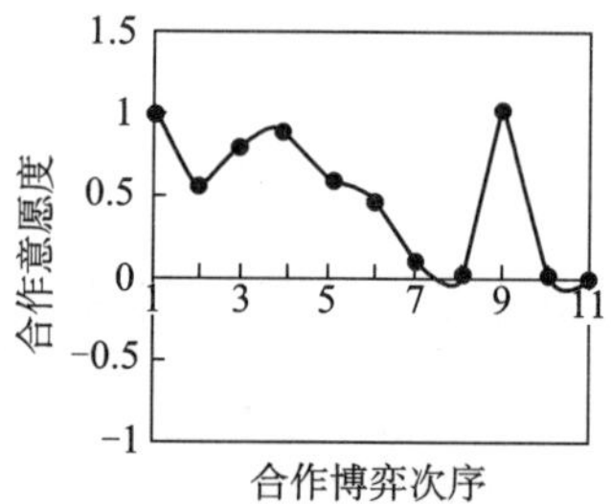

图 4-45 案例 6 中分红多（虚拟事件）时港方合作意愿度变化情况

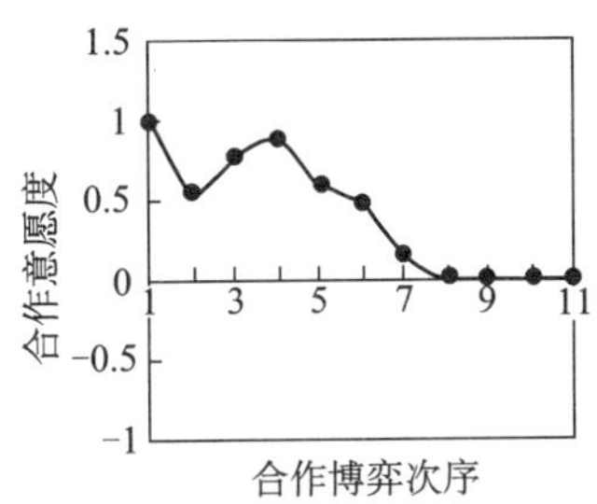

图 4-46　案例 6 中分红少（虚拟事件）时港方合作意愿度变化情况

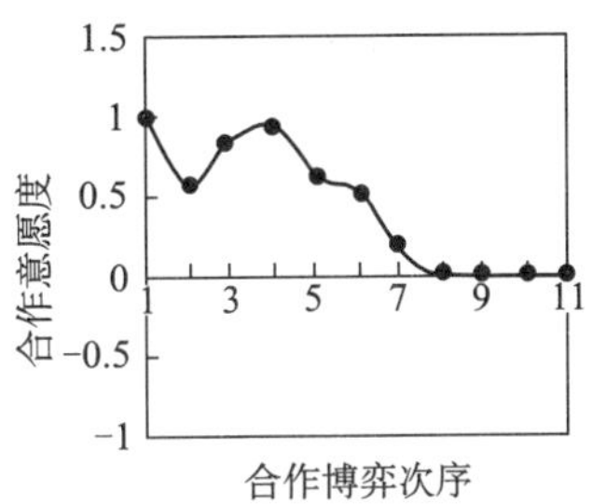

图 4-47　案例 6 中分红不变（虚拟事件）时港方合作意愿度变化情况

表 4-21　案例 6 中合资企业合作各方零记忆合作意愿度及预期收益

<table>
<tr><th colspan="3">合作博弈次序</th><th>山东零记忆合作意愿度</th><th>港方零记忆合作意愿度</th><th>山东预期收益</th><th>港方预期收益</th></tr>
<tr><td colspan="3">1</td><td>1</td><td>1</td><td>1</td><td>1</td></tr>
<tr><td colspan="3">2</td><td>0.8</td><td>0.9</td><td>0.1598</td><td>0.13</td></tr>
<tr><td colspan="3">3</td><td>0.8</td><td>0.9</td><td>1</td><td>1</td></tr>
<tr><td colspan="3">4</td><td>0.8</td><td>0.9</td><td>0.1243</td><td>0.1535</td></tr>
<tr><td colspan="3">5</td><td>0.8</td><td>0.6</td><td>0.1085</td><td>0.1499</td></tr>
<tr><td colspan="3">6</td><td>0.8</td><td>0.5</td><td>1</td><td>0.8</td></tr>
<tr><td colspan="3">7</td><td>0.8</td><td>0.1</td><td>1</td><td>0.7</td></tr>
<tr><td colspan="3">8</td><td>0.2</td><td>0</td><td>0.1085</td><td>0.1623</td></tr>
<tr><td rowspan="5">虚拟事件</td><td rowspan="3">9</td><td>分红多</td><td>1</td><td>1</td><td>0.1085</td><td>0.1623</td></tr>
<tr><td>分红少</td><td>0</td><td>0</td><td>0.1085</td><td>0.1623</td></tr>
<tr><td>分红不变</td><td>0.1</td><td>0</td><td>0.1085</td><td>0.1623</td></tr>
<tr><td colspan="2">10</td><td>0.1</td><td>0</td><td>0.5</td><td>1</td></tr>
<tr><td colspan="2">11</td><td>0.5</td><td>0</td><td>1</td><td>0.8</td></tr>
</table>

表 4-22 案例 6 中合资企业合作博弈山东收益

<table>
<tr><th colspan="3">合作博弈次序</th><th>群体合作山东收益</th></tr>
<tr><td colspan="3">1</td><td>0</td></tr>
<tr><td colspan="3">2</td><td>−0.015</td></tr>
<tr><td colspan="3">3</td><td>1</td></tr>
<tr><td colspan="3">4</td><td>0.2996</td></tr>
<tr><td colspan="3">5</td><td>0.2787</td></tr>
<tr><td colspan="3">6</td><td>1</td></tr>
<tr><td colspan="3">7</td><td>1</td></tr>
<tr><td colspan="3">8</td><td>−0.1498</td></tr>
<tr><td rowspan="5">虚拟事件</td><td rowspan="3">9</td><td>分红多</td><td>0.1085</td></tr>
<tr><td>分红少</td><td>−0.1947</td></tr>
<tr><td>分红不变</td><td>−0.1498</td></tr>
<tr><td colspan="2">10</td><td>0</td></tr>
<tr><td colspan="2">11</td><td>1</td></tr>
</table>

表 4-23 案例 6 中合资企业合作博弈港方收益

<table>
<tr><th colspan="3">合作博弈次序</th><th>群体合作港方收益</th></tr>
<tr><td colspan="3">1</td><td>0.5</td></tr>
<tr><td colspan="3">2</td><td>−0.0241</td></tr>
<tr><td colspan="3">3</td><td>1</td></tr>
<tr><td colspan="3">4</td><td>0.4013</td></tr>
<tr><td colspan="3">5</td><td>0.2996</td></tr>
<tr><td colspan="3">6</td><td>−0.2</td></tr>
<tr><td colspan="3">7</td><td>0.5</td></tr>
<tr><td colspan="3">8</td><td>−0.1685</td></tr>
<tr><td rowspan="5">虚拟事件</td><td rowspan="3">9</td><td>分红多</td><td>0.1085</td></tr>
<tr><td>分红少</td><td>−0.2191</td></tr>
<tr><td>分红不变</td><td>−0.1685</td></tr>
<tr><td colspan="2">10</td><td>1</td></tr>
<tr><td colspan="2">11</td><td>0.5</td></tr>
</table>

表 4-24　案例 6 中合资企业合作各方博弈结果

合作博弈次序			山东合作意愿度	港方合作意愿度
1			1	1
2			0.5373	0.5372
3			0.6968	0.7815
4			0.7620	0.8564
5			0.7844	0.5783
6			0.7935	0.4899
7			0.7976	0.0987
8			0.1991	−0.0434
虚拟事件	9	分红多	0.9997	0.9999
		分红少	−0.0270	−0.0134
		分红不变	0.0997	−0.0134
	10		0.1000	0.0100
	11		−0.0270	−0.0134

根据表 4-24 和图 4-40～图 4-47 所表明的计算结果，再结合图 4-39，我们可以清楚地看出：在第一至第六次合作博弈事件中，双方合作意愿度一直处于 0.4 以上的较高水平。在第四至第七次合作博弈事件中，山东合作意愿度一直稳定在接近 0.8 的高水平。这是因为在 1993～2000 年，合资企业的经营状况一直很好，各方对丰厚的收益均比较满意。山东在合作中只有 12％的现金出资，机器设备、厂房、土地使用权出资占到 88％，实际收益满意度高于港方。第二次合作博弈事件中，合资企业正处于磨合期与启动期，亏损属正常情况，所以山东对亏损状况表示接受。第四次合作博弈事件之后，港方合作意愿度呈下降趋势，由0.8564下降到第七次合作博弈事件的0.0987。主要原因是，随着合作期的延长山东的综合谈判实力明显下降。在第七次合作博弈事件中，港方合作意愿度急剧下降到0.0987的低水平，这充分说明了港方对山东低廉的劳动力价格重视程度很高。2000 年底分红时，双方收益水平急剧下降到负数，造成

合作意愿度均急剧下降。这主要是因为当时东亚经济尤其是日本经济不景气造成市场空间缩小、竞争加剧。

根据案例 6 的现实合作情况，我们设定了三组虚拟合作博弈事件：分红、港方要求内地转让股权（山东不同意）、山东要求港方提高外销产品出厂价格（港方不同意）。在虚拟的分红事件中，我们假设了三种情况：分红增多、分红减少、分红不变。

在分红增多（虚拟事件）时，双方合作意愿度均急剧上升到接近于 1 的高水平。这说明在这一现实合作案例中双方都对即期收益水平非常重视，或者说分红水平直接决定着合作意愿度水平。当港方要求内地转让股权时（虚拟事件）山东不同意，双方合作意愿度均处于很低的水平（尤其是港方接近于 0），这说明港方对合作已经基本失去希望。因此，当山东要求港方提高外销产品出厂价格时港方表现出不合作的态度。如图 4-41 和图 4-45 所示。

在分红减少（虚拟事件）时，双方合作意愿度均下降到小于 0 的最低点，说明这种分红水平已经低于维持双方合作的最低临界点。如图 4-42 和图 4-46 所示。

当分红不变时，山东合作意愿度与第八次合作博弈事件相比又进一步下降（由0.1991降到0.0997），港方合作意愿度继续保持略低于 0 的低水平。如图4-43和图 4-47 所示。

案例 6 是山东和港方合资企业中港方占有绝大多数股权的另一种典型。2000 年分红事件以前，尽管合资企业经营状况良好且分红水平很高，但港方合作意愿度基本上一直呈下降趋势，而且明显低于山东合作意愿度。尽管合作动机比较匹配，但内地的综合谈判实力，尤其是对合资企业的贡献能力相对下降的程度很高。而且内地受传统体制影响比较严重，管理人员素质较低，甚至连产品质量都难以保证。实际上，双方的合作匹配度较低：港方完全控制配方技术、产品外销，这对食品类企业来说是至关重要的。山东对即期收益水平过于看重，但港方更加注重通过合资获得廉价、稳定的供货渠道。所以，合作动机吻合、合资企业经营状况良好、分红水平高，都不一定能够实现成功的合作。较高的合作匹配度才是成功合作的基础。

第九节　模型的有效性检验

为验证演化模型与计算结果的可信度，我们将六种类型典型合资案例中合资双方合作意愿度的计算值与调查估计值进行了统计验证（差异度分析）。其中，调查估计值是在问卷调查时填表人（中外合资企业管理人员）对合作过程中每一合作事件各方合作意愿度的估计值（表 4-25～表 4-30）。

表 4-25　案例 1 中中外双方合作意愿度计算值与调查估计值的比较

合作博弈次序			中方合作意愿度计算值	外方合作意愿度计算值	中方合作意愿度估计值	外方合作意愿度估计值
1			1	1	1	1
2			0.3080	0.7234	0.4	0.8
3			0.9497	0.9422	1	1
4			0.9810	0.9783	1	1
5			0.9928	0.9918	1	1
6			0.9973	0.9970	1	1
7			0.9991	−0.2011	1	−0.2
8			1	−0.8004	1	−0.8
虚拟事件	9	分红多	0.8	0.1085	0.8	0.1085
		分红少	−0.9	0.1085	−0.9	0.1085
		分红不变	−0.8	0.1085	−0.8	0.1085
	10		1	1	1	1
	11		−0.5001	−1	−1	1

表 4-26　案例 2 中合作双方合作意愿度计算值与调查估计值的比较

<table>
<tr><th colspan="3">合作博弈次序</th><th>山东合作意愿度计算值</th><th>港方合作意愿度计算值</th><th>山东合作意愿度估计值</th><th>港方合作意愿度估计值</th></tr>
<tr><td colspan="3">1</td><td>1</td><td>1</td><td>1</td><td>1</td></tr>
<tr><td colspan="3">2</td><td>0.8918</td><td>0.8918</td><td>1</td><td>0.8</td></tr>
<tr><td colspan="3">3</td><td>0.7410</td><td>0.6610</td><td>0.8</td><td>0.8</td></tr>
<tr><td colspan="3">4</td><td>0.7804</td><td>0.9617</td><td>0.8</td><td>1</td></tr>
<tr><td colspan="3">5</td><td>0.5928</td><td>0.9860</td><td>0.6</td><td>1</td></tr>
<tr><td colspan="3">6</td><td>0.7972</td><td>0.9946</td><td>0.8</td><td>1</td></tr>
<tr><td colspan="3">7</td><td>0.5989</td><td>0.9976</td><td>0.6</td><td>1</td></tr>
<tr><td colspan="3">8</td><td>−0.8004</td><td>0.9991</td><td>−0.8</td><td>1</td></tr>
<tr><td rowspan="5">虚拟事件</td><td rowspan="3">9</td><td>分红多</td><td>−1</td><td>1</td><td>−1</td><td>1</td></tr>
<tr><td>分红少</td><td>−0.8</td><td>0.8</td><td>−0.8</td><td>0.8</td></tr>
<tr><td>分红不变</td><td>−1</td><td>1</td><td>−1</td><td>1</td></tr>
<tr><td colspan="2">10</td><td>−0.8001</td><td>−0.8</td><td>1</td><td>1</td></tr>
<tr><td colspan="2">11</td><td>−1</td><td>−1</td><td>1</td><td>1</td></tr>
</table>

表 4-27　案例 3 中中外双方合作意愿度计算值与调查估计值的比较

<table>
<tr><th colspan="3">合作博弈次序</th><th>中方合作意愿度计算值</th><th>外方合作意愿度计算值</th><th>中方合作意愿度估计值</th><th>外方合作意愿度估计值</th></tr>
<tr><td colspan="3">1</td><td>1</td><td>1</td><td>1</td><td>1</td></tr>
<tr><td colspan="3">2</td><td>0.5372</td><td>0.5372</td><td>0.8</td><td>0.6</td></tr>
<tr><td colspan="3">3</td><td>0.4620</td><td>0.1754</td><td>0.6</td><td>0.3</td></tr>
<tr><td colspan="3">4</td><td>0.2492</td><td>0.1542</td><td>0.3</td><td>0.2</td></tr>
<tr><td colspan="3">5</td><td>0.0877</td><td>0.4879</td><td>0.1</td><td>0.5</td></tr>
<tr><td colspan="3">6</td><td>0.0978</td><td>0.0956</td><td>0.1</td><td>0.1</td></tr>
<tr><td colspan="3">7</td><td>0.0995</td><td>0.0993</td><td>0.1</td><td>0.1</td></tr>
<tr><td colspan="3">8</td><td>0.0998</td><td>0.0997</td><td>0.1</td><td>0.1</td></tr>
<tr><td colspan="3">9</td><td>0.1000</td><td>0.0999</td><td>0.1</td><td>0.1</td></tr>
<tr><td rowspan="5">虚拟事件</td><td rowspan="3">10</td><td>分红多</td><td>1</td><td>0.7999</td><td>1</td><td>0.8</td></tr>
<tr><td>分红少</td><td>−0.5</td><td>−0.2001</td><td>−0.5</td><td>−0.2</td></tr>
<tr><td>分红不变</td><td>0.1</td><td>0.0999</td><td>0.1</td><td>0.1</td></tr>
<tr><td colspan="2">11</td><td>0.5000</td><td>0.5</td><td>0.5</td><td>0.5</td></tr>
<tr><td colspan="2">12</td><td>−1</td><td>−1</td><td>−1</td><td>0.1</td></tr>
</table>

表 4-28　案例 4 中中外双方合作意愿度计算值与调查估计值的比较

<table>
<tr><th colspan="3">合作博弈次序</th><th>中方合作意愿度计算值</th><th>外方合作意愿度计算值</th><th>中方合作意愿度估计值</th><th>外方合作意愿度估计值</th></tr>
<tr><td colspan="3">1</td><td>1</td><td>1</td><td>1</td><td>1</td></tr>
<tr><td colspan="3">2</td><td>0.5372</td><td>0.5372</td><td>0.9</td><td>0.9</td></tr>
<tr><td colspan="3">3</td><td>0.0423</td><td>0.8436</td><td>0.1</td><td>0.9</td></tr>
<tr><td colspan="3">4</td><td>0.7602</td><td>0.8792</td><td>0.8</td><td>0.9</td></tr>
<tr><td colspan="3">5</td><td>0.7865</td><td>0.9928</td><td>0.8</td><td>1</td></tr>
<tr><td colspan="3">6</td><td>0.4950</td><td>0.5974</td><td>0.5</td><td>0.6</td></tr>
<tr><td colspan="3">7</td><td>0.4988</td><td>0.8990</td><td>0.5</td><td>0.9</td></tr>
<tr><td rowspan="5">虚拟事件</td><td rowspan="3">8</td><td>分红多</td><td>0.5</td><td>0.4995</td><td>0.5</td><td>1</td></tr>
<tr><td>分红少</td><td>0.5</td><td>0.4995</td><td>0.5</td><td>0.5</td></tr>
<tr><td>分红不变</td><td>0.5</td><td>0.4995</td><td>0.5</td><td>0.9</td></tr>
<tr><td colspan="2">9</td><td>0.7998</td><td>0.8</td><td>0.8</td><td>0.9</td></tr>
<tr><td colspan="2">10</td><td>0.5999</td><td>0.6</td><td>0.6</td><td>0.8</td></tr>
</table>

表 4-29　案例 5 中中外双方合作意愿度计算值与调查估计值的比较

合作博弈次序	中方合作意愿度计算值	外方合作意愿度计算值	中方合作意愿度估计值	外方合作意愿度估计值
1	1	1	1	1
2	0.5372	0.5372	0.5	0.8
3	0.6647	0.4647	0.8	0.6
4	0.3731	0.5730	0.4	0.6
5	0.4901	0.1901	0.5	0.2
6	−0.0251	−0.0250	0	0

表 4-30　案例 6 中合作双方合作意愿度计算值与调查估计值的比较

合作博弈次序	山东合作意愿度计算值	港方合作意愿度计算值	山东合作意愿度估计值	港方合作意愿度估计值
1	1	1	1	1
2	0.5372	0.5372	0.8	0.9
3	0.6968	0.7815	0.8	0.9
4	0.7620	0.8564	0.8	0.9
5	0.7844	0.5783	0.8	0.6

续表

<table>
<tr><th colspan="3">合作博弈次序</th><th>山东合作意愿度计算值</th><th>港方合作意愿度计算值</th><th>山东合作意愿度估计值</th><th>港方合作意愿度估计值</th></tr>
<tr><td colspan="3">6</td><td>0.7935</td><td>0.4899</td><td>0.8</td><td>0.5</td></tr>
<tr><td colspan="3">7</td><td>0.7976</td><td>0.0987</td><td>0.8</td><td>0.1</td></tr>
<tr><td colspan="3">8</td><td>0.1991</td><td>−0.0434</td><td>0.2</td><td>0</td></tr>
<tr><td rowspan="5">虚拟事件</td><td rowspan="3">9</td><td>分红多</td><td>0.9997</td><td>0.9997</td><td>1</td><td>1</td></tr>
<tr><td>分红少</td><td>−0.0270</td><td>−0.0270</td><td>0</td><td>0</td></tr>
<tr><td>分红不变</td><td>0.0997</td><td>0.0997</td><td>0.1</td><td>0</td></tr>
<tr><td colspan="2">10</td><td>0.1000</td><td>0.1000</td><td>0.1</td><td>0</td></tr>
<tr><td colspan="2">11</td><td>−0.0270</td><td>−0.0270</td><td>0.5</td><td>0</td></tr>
</table>

首先，我们假设合作意愿度演化计算值与调查估计值的差异度存在两种情况：有差异；无差异。设 S 为标准方差，P 为临界值，DF 为自由度，t 为差异度，ZW_1 与 ZW_2 分别为合作意愿度计算值和估计值。t 大于 P 表明计算结果被拒绝，t 小于 P 为被接受。

$$S=\sqrt{\frac{s_1^2}{n_1}+\frac{s_2^2}{n_2}} \tag{4-1}$$

$$t=(\overline{x}_1-\overline{x}_2)/s \tag{4-2}$$

$$DF=\frac{(VAR_1+VAR_2)^2}{[(VAR_1)^2/(n_1-1)]+[(VAR_2)^2/(n_2-1)]} \tag{4-3}$$

使用 MINITAB 软件对合作意愿度计算值与调查估计值进行统计验证分析结果为：$t=-1.70$，$P=0.091$，DF=279。ZW_1 与 ZW_2 之差的分布（95%可信度）范围为−0.240～0.018。t 小于 P，证明所用动态演化分析模型是有效的，假设被接受。

第十节 小　结

依据访谈以及问卷调查的结果，设定动态合作关系影响因素的取值方法，设置了合资双方零记忆合作意愿度、双方预期收益、群体合作各方收益、中方合作外方不合作时的各方收益、中方不合作外方合作时的各方收益、群体冲突各方收益等变量。本章通过示例，表明了每种类型合作过程的动态演化分析模式；引用合作意愿度动态演化迭代模型，分别对六种合作博弈过程的典型案例进行了动态演化分析。20 世纪 90 年代中期以来我国经济处于转型时期，合作匹配度、各方相对谈判实力的变化、中方企业受传统体制影响程度、收益满意度等是影响中外合资各方合作冲突水平、合作意愿度变化的主要因素。最后，我们进行的统计检验证明了合作意愿度动态演化迭代模型的使用以及分析结果是合理而可靠的。

第五章 合资中外方合作意愿度影响因素的统计与分析

根据统计分析的需要，本书在问卷调查的基础上，以层次分析方法为基础，提出了合作意愿度影响因素的假设，设置了15个因素的取值范围与取值方法；用相关性分析的方法对假设进行了验证，计算出了各因素与中外合资企业各方合作意愿度的相关系数，分别确定了中外方合作意愿度的主要影响因素。

第一节　中外各方合作意愿度影响因素的假设

迄今为止，国内外学者对合作过程、合作质量的影响因素已进行了大量的研究，并取得了一系列研究成果。但是，这些研究大多不够系统和完整，很难全面反映合资冲突、合作质量变化的全貌。因此，立足于合作的全过程以及动态变化等特征，全面研究和分析各方合作意愿度的影响因素，就显得必要而紧迫。

Mehmet Demirbag、Hafiz Mirza 等研究者认为，国际合资企业成功的关键在于良好的合作伙伴关系，因此应将注意力更多地放在合作伙伴关系的构建上，而不是放在合作过程上。他们认为，影响合资企业内部冲突的主要因素有："母公司对合资公司的义务、联盟伙伴之间的合作状况（如合作伙伴之间的信任程度、长期关系、合资企业的自主权等）、联盟伙伴之间的冲突程度以及控制手段。这些因素直接影响着合资企业的运行状况和母公司的满意程度，也就决

定着合资行为的成败。”（Demirbag，Mirza，2000）

Sim 和 Ali 对影响合资经营冲突以及合资成败的决定因素作了更为全面、具体的研究。他们认为，“和母公司相关的产业的管理以及和母公司有关的其他因素都对合资企业的运作产生影响”。具体来讲，这种影响主要表现在以下 12 个方面（Sim，Ali，1998）：合资企业的成功与母公司的规模状况密切相关；合资企业的成功与母公司的多国化（全球化）状况相关；合资企业的成功与母公司的合资成功经历相关；母公司与合资企业的垂直联系不利于合资企业的成功；母公司与合资企业的水平联系有利于合资企业的成功；母公司与合资企业的较高关联性有利于合资企业的成功；各合作方对合资企业的贡献越大，则合资企业的成功率越高；母公司对合资企业控制得越好则合资企业的成功率就越高，合资企业运作的自主性越高越容易成功；母公司之间合作得越好，则合资公司的成功率越高；拥有成熟技术的合资企业较之那些拥有尖端、先进技术的合资企业更容易取得成功；出口导向型的政策有利于合资企业的成功；合作者的心理差距越大，合作成功的概率越低。

Fey 和 Beamish 等研究了共同的组织特征对合作冲突水平、各方收益等方面的影响（Fey，Beamish，2000；Cullen，Johnson，Sakano，1995）。Demirbag 和 Mirza 研究了国际合资企业中外方投资者与本地合作者的关系、本地合作者的参与程度等对合资冲突与合作收益的影响。他们认为，对外方投资者来说，与本地合作者的关系越好，本地合作者参与程度越高，则合作冲突水平越低，合作收益越大（Demirbag，Mirza，2000）。

Lee 对合资各方实力、冲突水平、合作收益的关系进行了研究（Lee，2001）。Newburry 和 Zeira 等认为，影响合作质量与各方合作意愿度的主要因素有：合资企业建立并运营的时间、股权结构安排、金融风险状况、各方合作目标的冲突、合同期限、合作者数量与类型等（Newburry，Zeira，1997；West Jr，1959）。另外，股权结构安排对合资冲突水平、合作收益、合资企业控制等方面都存在着基础性的影响（Ramaswamy，Gomes，Veliyath，1998；Lecraw，1984）。出资方式、出资技术的水平也影响着合资冲突水平、合作质量（Kim，1990）。在国际合资行为中，与母公司有着纵向分工结构的企业更容易取得成功（Kemp，Ghauri，1998）。

Sing Keow Hoon-Halbauer 在对两家中外合资企业进行实证研究的基础上认为，外方管理者所面临的主要问题在于环境与内部组织的不完善、利益冲突等方面。解决这一问题的关键在于，构建中外各方管理人员的良性合作机制，促进员工之间的相互影响（Sing Keow Hoon-Halbauer，1999）。

国内学者郭朝阳对组织冲突的影响因素进行了基础性研究。他认为，影响冲突与组织绩效关系的因素有：冲突的类型、冲突水平的高低、冲突者的反应和对策（郭朝阳，2000；贾名清，2001）。另外，出资方式、出资无形资产的作价方式也影响着各方对合作的态度（陈涛涛，2001）。

对合作冲突影响因素的这些研究成果都存在不够完整、不够深入的问题，尤其是对合作过程中冲突水平动态性变化的决定因素研究明显不足。

参照国内外研究成果，加上访谈、问卷调查得到的结果，我们提出了中外合资企业各方合作意愿度影响因素的假设（图 5-1）。

第二节　合作意愿度影响因素的取值范围与取值方法

为保证取值的客观性与合理性，我们设计了“中外合资企业各合作方合作意愿度影响因素赋值问卷”（本书附录 1），在山东省及青

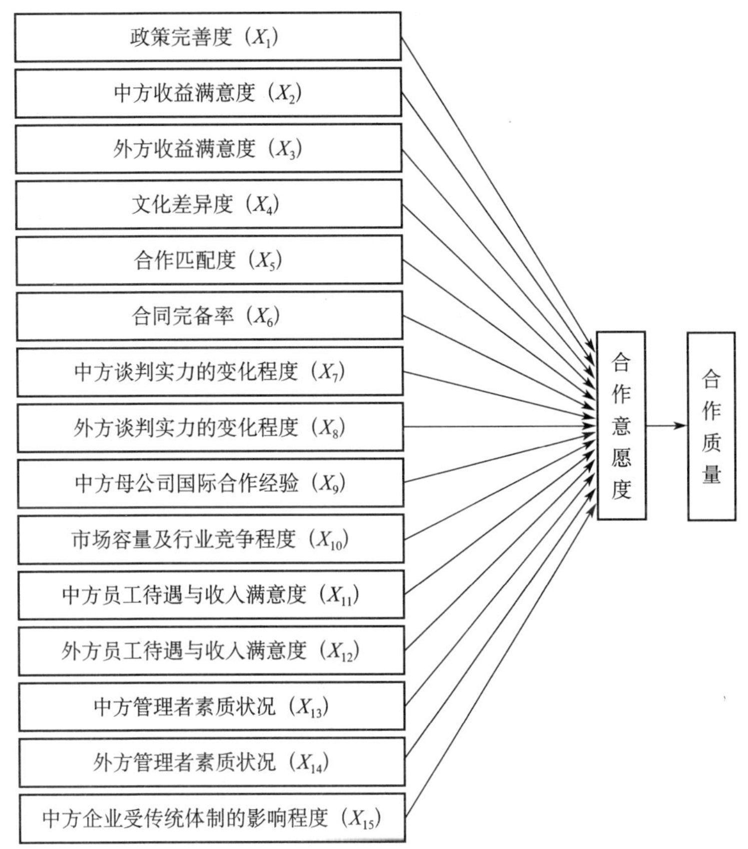

图 5-1　合作意愿度影响因素的假设

岛市外经贸主管部门领导、部分合资企业中方高级管理人员中进行了专家问卷调查。我们共计发放问卷 10 份，回收有效调查表 7 份，分别针对各方合作意愿度的影响因素、各项影响因素取值的关键环节等问题进行了调查，并根据调查统计结果确定了下列各因素的取值原则。

总体取值范围为－1～1。但是，在问卷调查中部分因素（如政策完善度、文化差异度、合作匹配度、行业竞争度等）的实际取值范围为 0～1，中方收益满意度与外方收益满意度的实际值在一些特殊情况下出现了大于 1 或者小于－1 的情况。

(1) 政策完善程度（X_1）：市场体系比较完善（如美国、西欧等）为 1。考虑到中国市场体系正在完善中，所以最高值为 0.75。政策完善程度的差异主要从合资企业所处地域来判断。我国沿海开放大城市（省会、副省级以上城市）政策的制定及执行相对比较规范，政策完善程度较高，为 0.75；珠江三角洲地区和苏南地区政策完善程度均较高，亦为 0.75；中西部内陆地区大城市（省会城市）和沿海地区中型城市（地级市）为 0.65；中西部内陆地区中型城市（地级市）和沿海地区小城镇（县及县以下）为 0.50；中西部内陆地区小城镇（县及县以下）为 0.25。从时间的角度考虑，1992 年以前（含 1992 年）我国整体开放程度较低，各档次的政策完善程度减去 0.1。

(2) 中方收益满意度（X_2）：合作中方的收益满意度（M_C）为合作期内每一会计年度的当期实际收益（R_{CS}）与预期收益（R_C）之比；实际收益为 0 或小于 0（亏损）时，则收益满意度为负值。其中，实际收益为中方按股权比例所分得的实际利润数；如果利润数为美元，则按同期美元与人民币的实际汇率换算成人民币数值。中方预期收益为实际出资额（T_C）乘以预期收益率；预期收益率（r_c）为同期人民币贷款年利率再加 5%的合理利润，其计算公式为

$$R_C = T_C \cdot r_c \tag{5-1}$$

$$M_C = \frac{R_{CS}}{R_C} \tag{5-2}$$

(3) 外方收益满意度（X_3）：合作外方的收益满意度（M_F）为合作期内每一会计年度的当期实际收益（R_{FS}）与预期收益（R_F）之比；实际收益为 0 或小于 0（亏损）时，则收益满意度为负值。其中，即期收益为外方按股权比例所分得的实际利润数；如果利润数为人民币，则按同期美元与人民币的实际汇率换算成美元数值。外方预期收益（R_F）为实际出资额（T_F）乘以预期收益率；预期收益

率（r_F）为同期美元贷款年利率再加5%的合理利润，其计算公式为

$$R_F = T_F \cdot r_F \tag{5-3}$$

$$M_F = \frac{R_{FS}}{R_F} \tag{5-4}$$

（4）文化差异度（X_4）：文化差异度分为高中低三档次，中国与欧美的差异度为1，与东亚、东南亚的差异度为0.5，与港澳台地区的差异度为0.25。

（5）合作匹配度（X_5）：设定各方相互需要的价值量的比例，相差较大则匹配度较低，相差较小则匹配度较高；相差1倍以上合作匹配度为0，相差大于或等于0.9倍小于1倍匹配度为0.1，依此递增，相差大于或等于0倍小于0.1倍匹配度为1。

（6）合同完备率（X_6）：选定国际合资经营合同中的10类关键条款为：出资比例与出资方式、出资到位期限、股权比例安排、收益分配比例与分配方式及亏损和债务的负担、董事会组成原则以及决策方式、组织结构设置及员工待遇的确定原则、合资企业章程、主要管理人员的选派与更换原则、退出与合作中止条件、日常经营管理中重大问题的处理原则。这些条款都具备则合同完备率为1，每缺一条减去0.1。

（7）中方谈判实力的变化程度（X_7）：谈判实力的强弱实际上是其他合作方对本方的依赖程度，是指一方所拥有的为其他合作方或者合资企业发展所需要的资源价值量的大小。这种价值量的大小是决定本方对合资企业贡献能力大小的主要因素。在合作过程中，一方的谈判实力会随着这种价值量的变化而变化。谈判实力的变化程度主要取决于本方学习能力和发展能力的强弱。该值主要从访谈以及对合作过程的判断了解每方对其他合作方实力变化的评价取值。变化（提高或下降）很大为1，较大为0.7，较小为0.3，没有明显变化为0。

（8）外方谈判实力的变化程度（X_8）：变化（提高或下降）很大

为1，变化较大为0.7，变化较小为0.3，没有明显变化为0。

(9) 中方母公司的国际合作经验（X_9）：合资前已有10次以上国际合资经历为1，9次为0.9，依此递减，没有合资经历为0。

(10) 市场容量及行业竞争程度（X_{10}）：合资企业所在行业产品严重供不应求时，行业竞争程度为0；轻度供不应求时为0.25；供求基本平衡时为0.5；轻度供过于求时为0.75；严重供过于求时为1。

(11) 中方员工待遇与收入满意度（X_{11}）：参照中国同期、同行业、同类人员平均工资、待遇水平取值。大幅高于平均水平（高出15%以上）为1，小幅高出平均水平（高出5%～15%）为0.75，基本符合平均水平（上下浮动范围不超过5%）为0.5，小幅低于平均水平（低5%～15%）为0.25，大幅低于平均水平（低15%以上）为0.1。

(12) 外方员工待遇与收入满意度（X_{12}）：主要参照外方母公司所在国同期、同行业、同类人员平均工资、待遇水平取值。大幅高于平均水平（高出15%以上）为1，小幅高出平均水平（高出5%～15%）为0.75，基本符合平均水平（上下浮动范围不超过5%）为0.5，小幅低于平均水平（低5%～15%）为0.25，大幅低于平均水平（低15%以上）为0.1。

(13) 中方管理者素质状况（X_{13}）：硕士以上学历且在合资企业工作3年以上为1，硕士以上学历且在合资企业工作1～3年为0.8，硕士以上学历且在合资企业工作1年以下为0.6；本科学历且在合资企业工作3年以上为0.8，本科学历且在合资企业工作1～3年为0.6，本科学历且在合资企业工作1年以下为0.4；本科以下学历且在合资企业工作3年以上为0.5，本科以下学历且在合资企业工作1～3年为0.3，本科以下学历且在合资企业工作1年以下为0.1。

(14) 外方管理者素质状况（X_{14}）：硕士以上学历且在国外工作

3 年以上为 1，硕士以上学历且在国外工作1～3年为 0.8，硕士以上学历且在国外工作 1 年以下为 0.6；本科学历且在国外工作 3 年以上为 0.8，本科学历且在国外工作1～3年为 0.6，本科学历且在国外工作 1 年以下为 0.4；本科以下学历且在国外工作 3 年以上为 0.5，本科以下学历且在国外工作 1～3 年为 0.3，本科以下学历且在国外工作 1 年以下为 0.1。

(15) 中方企业受传统体制的影响程度（X_{15}）：完全是传统国有企业其数值为 1，改制后国有股占控股地位的企业为 0.75，改制后国有股不占控股地位的企业为 0.5，改制后国有股完全退出的企业（国有企业的管理模式等方面仍有一些惯性影响）为 0.25，完全私营企业为 0。

第三节　统计分析的方法与结果

统计分析的目的是：验证合作意愿度影响因素的假设；依据所计算出的相关系数确定合作过程中中外合资各方合作意愿度变化的主要决定因素，为合作意愿度、合作质量的提高奠定基础。首先，从每一案例的合作事件中抽出冲突事件，确定每个冲突事件的决定因素，并根据客观数据或者案例实际情况计算、确定每一个冲突事件决定因素的计量值。其次，计算各影响因素与合作意愿度的相关系数，分析每一种因素与合作意愿度的关联程度。

为获得统计分析的相关数据，我们设计了“中外合资企业合作冲突状况调查表”（本书附录 2）。问卷调查的主要内容有：合资企业成立的时间；员工总数、管理人员数量、股权结构的变化；各方出资方式；各方合作动机及其实现程度；合资企业的管理权的分配原则与状况；中外各方员工的收入水平及收入满意度；管理冲突的表现；料件供应及产品外销比例与方式；合作期内的主要成本、效益状况相关数据；各方母公司状况以及对合资企业的贡献；合同完备率；各方谈判实力的变化程度；行业竞争度；各方冲突损失与合作意愿度的变化；等等。

我们总共发放问卷 85 份，回收问卷 57 份（其中有效问卷 28 份）。为保证统计结果的客观性，我们又在大量相关资料中查找了 52 个合作过程比较完整的样本案例。统计分析的问卷调查案例和样本案例共 80 个，全部合作事件 363 个，其中合作冲突事件 148 个。根据前述赋值原则和问卷调查结果、样本案例中的相关资料，我们将导致这些合作冲突事件的主要因素分别取值列表（本书附录 3）。

从本书附录 3 中可以看出，引发每一个合作冲突事件的因素有时是一个，有时是几个，而且这些因素往往有很大的差异。并非所有因素同时起作用导致每一个冲突事件，这就使统计分析不能用常见的方法来进行。空格处表示该因素对合作冲突事件的影响不明显或者没有影响，不可以视做 0。考虑到每一冲突事件都是由至少一个因素起作用造成的，所以我们在统计分析中首先将附录 3 表中数据按相同因素同时起作用的标准分组，列出多元方程组合，解多元方程得出每一因素在该组合作事件中的相关系数。分别取计算出的每一种因素与合作意愿度相关系数的均值，作为最终统计的结果。为便于比较和分析，我们将所有统计结果分别作归一化处理。

因为部分填表人对赋值原则的理解有误，或者有些企业的实际运行状况处于一种不正常的极端状态，所以我们在统计分析过程中将少数偏离过大的数据剔除。

需要说明的是，每一组数据的个数应该大于或等于其中所包含的变量数；如果少于变量数则该组数据作废。

设 Y 为合作意愿度，$X_1 \sim X_{15}$ 分别为每一影响因素值，$a_1 \sim a_{15}$ 分别为每一影响因素的相关系数，则统计分析的计算公式为

$$Y = a_1 X_1 + a_2 X_2 + a_3 X_3 + a_4 X_4 + a_5 X_5 + a_6 X_6$$

$$+a_7X_7+a_8X_8+a_9X_9+a_{10}X_{10}+a_{11}X_{11}+a_{12}X_{12}+a_{13}X_{13}+a_{14}X_{14}+a_{15}X_{15} \tag{5-5}$$

利用相关分析的方法，依据上述原则，我们分别计算出中方与外方合作意愿度同各影响因素的相关系数（表 5-1、图 5-2 和图 5-3）。

表 5-1　中外各方合作意愿度与影响因素的相关性统计结果

	中方合作意愿度与影响因素的相关系数		外方合作意愿度与影响因素的相关系数	
	统计数据	归一化数据	统计数据	归一化数据
政策完善程度（X_1）	0.86	0.036	0.98	0.078
中方收益满意度（X_2）	1.99	0.083	0.82	0.066
外方收益满意度（X_3）	0.43	0.018	0.78	0.062
文化差异度（X_4）	0.39	0.016	0.39	0.031
合作匹配度（X_5）	2.59	0.108	1.98	0.158
合同完备率（X_6）	1.29	0.054	0.58	0.046
中方谈判实力的变化程度（X_7）	4.67	0.195	1	0.080
外方谈判实力的变化程度（X_8）	1.95	0.081	0.32	0.026
中方母公司的国际合作经验（X_9）				
行业竞争度（X_{10}）	0.78	0.033	0.15	0.012
中方员工待遇与收入满意度（X_{11}）	3.2	0.134	1	0.080
外方员工待遇与收入满意度（X_{12}）	0.8	0.033	0.7	0.056
中方管理者素质状况（X_{13}）	1.21	0.051	1.89	0.151
外方管理者素质状况（X_{14}）	2.26	0.094	1.4	0.112
中方企业受传统体制的影响程度（X_{15}）	1.53	0.064	0.51	0.041

第四节　统计结果分析

一　中方合作意愿度与影响因素相关性统计结果的分析

表 5-1 与图 5-2 中的统计结果显示，在中外合资企业中，与中方

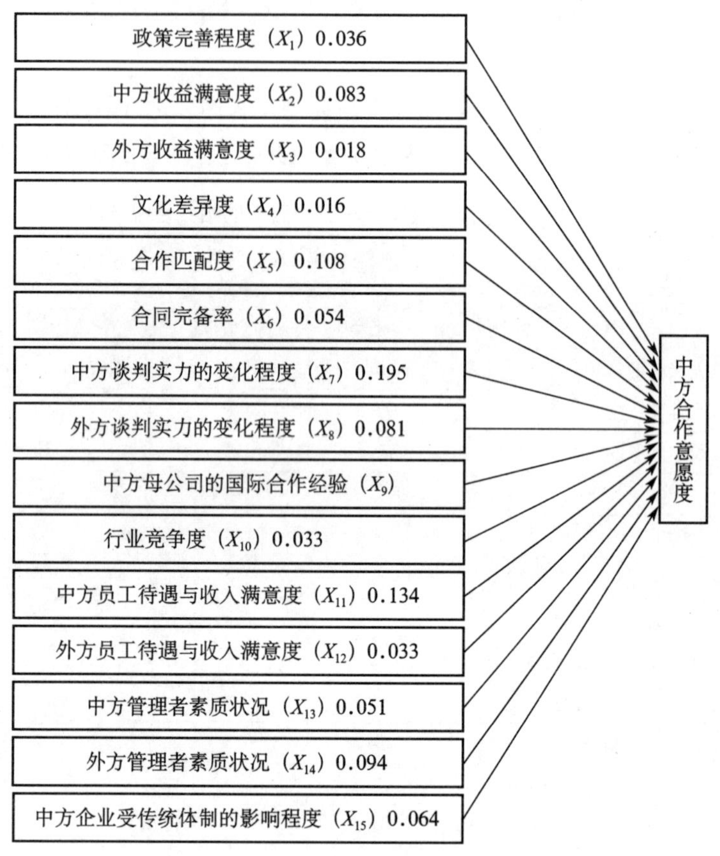

图 5-2　中方合作意愿度与影响因素的相关系数

合作意愿度相关性较大的五个影响因素依次是中方谈判实力的变化程度（0.195）、中方员工待遇与收入满意度（0.134）、合作匹配度（0.108）、外方管理者素质状况（0.094）、中方收益满意度（0.083）；相关性较小的五个因素依次是文化差异度（0.016）、外方收益满意度（0.018）、行业竞争度（0.033）、外方员工待遇与收入满意度（0.033）、政策完善程度（0.036）。

合作匹配度是影响中方合作意愿度变化的主要因素之一，是成功的高质量合作的基础性因素。也就是说，在合资之前的决策过程

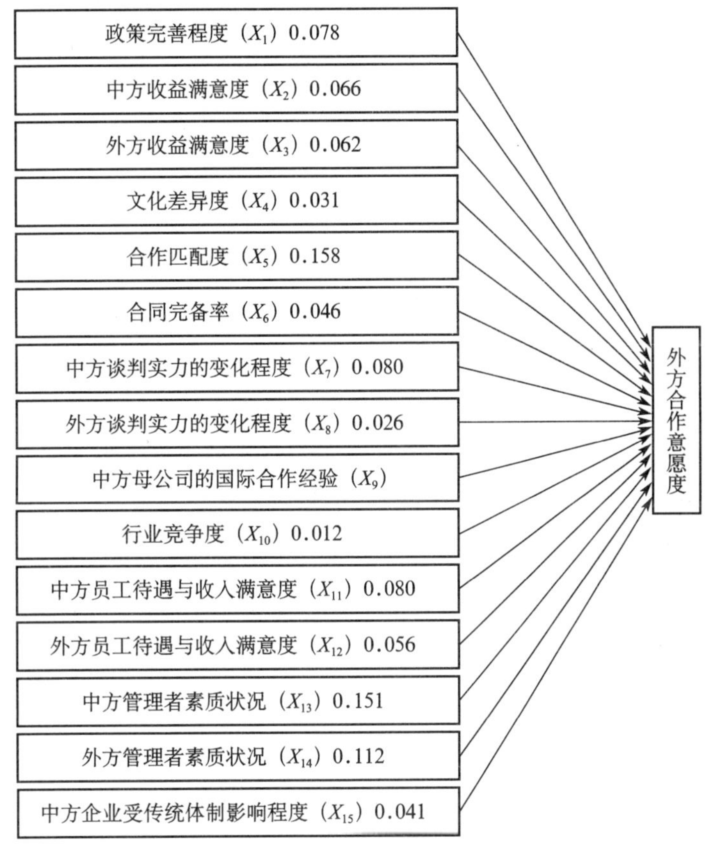

图 5-3　外方合作意愿度与影响因素的相关系数

中，选择匹配度较高的合适的合作伙伴，成功合作的可能性就更大。调查显示，在运营三年以上的中外合资企业中，合作匹配度较低而合作整体质量较高的情况几乎没有。较高的合作匹配度是成功合作的必要条件。

中方谈判实力的变化程度是影响中方合作意愿度变化的最主要因素。合作之初，各方合作意愿度普遍很高，合作冲突水平很低。但是，随着合作期的延长，至少一方的某种合资稀缺资源会逐步丰富起来，其合作冲突水平与合作意愿度也会随之发生变化。例如，得到中方企业的本地化支持往往是合作之初外方合作者的主要合作动机之一。总体来看，中方的本地化优势随着合作期的延长呈逐步减弱的趋势（侯贵生，张鹏柱，2002）。在这种情况下，如果没有其他方面谈判优势的相对提高，中方整体谈判实力就会出现下降，外方谈判实力随之提高且合作意愿度下降，各方合作意愿度出现程度不同的失衡。当这种失衡达到一定程度时，合作冲突水平达到一定程度，合作就会破裂。

中方员工待遇与收入满意度是影响中方合作意愿度的第二大因素。在正常情况下，中方企业所有者的收益满意度对本方合作意愿度的影响程度应该高于中方员工待遇与收入满意度。但是，在我国经济转轨时期，只有国有企业或者集体企业才能够作为合资中方主体，这些企业的所有者缺位、产权不清晰现象非常严重。所以，作为中方企业所有者代表的中方主要管理者首先关心的往往是包括自己在内的中方员工的待遇与收入水平。另外，调查显示，在现实的中外合资行为中，确实比较普遍地存在中方员工收入（尤其是与外方管理人员相比的中方管理人员收入）过低的现象。在同一个合资企业中的这种“同工不同酬”现象通过中方管理者影响中方合作意愿度的变化。在传统的国有企业或者集体企业中，由于分配制度的影响以及大量灰色收入的存在，管理者的收入满意度往往并不是很低。但是，中外合资企业的管理相对比较规范，中方管理者得到灰色收入的机会比较少，所以对自己的待遇与收入水平更加在意。

外方管理者素质状况是与中方合作意愿度相关性较大的因素。虽然我国实行改革开放政策已经有 30 年的历史，但现有的外资存量主要是近 10 年来形成的。也就是说，中外合资企业的绝大多数外方合作者是在近 10 年中进入中国的，它们几乎全部来自市场经济国家或地区。然而，我国市场经济改革尚在进行之中，传统的计划经济体制对经济生活的影响仍然大量存在着，企业的运作模式、外部环境与外方投资者所在国有着很大的差异，因此对外方管理人员素质有着特殊的要求。他们应该是既掌握母公司的运作模式、管理方式、技术路线和全球战略，又充分了解中国国情的优秀的跨文化管理人员。但是，迄今为止这样合格的管理人员数量还相对较少。比较常见的现象是，外方管理人员单纯使用母公司的管理模式来管理中外合资企业，通常造成与中方管理人员之间的冲突，使合资企业内部的整体合作冲突水平较高，进而影响着合作过程中中方合作意愿度的变化。在我们所调查的28家中外合资企业中，有15家出现过因外方管理人员素质问题导致与中方之间的严重冲突，中方要求外方更换或者撤出管理人员。

中方收益满意度是与中方合作意愿度相关性较大的第五位的因素。这一因素没有像有些人想象的那样处于更加重要的位置，但仍然比较重要，其主要原因在于：中方的合资决策者和管理者往往比较注重合资的长远利益和战略收益，但直接经济收益的好坏往往又决定着他们本人的前程，而且又在一定程度上影响着其个人收益。

从相关性较小的角度考虑，外方收益满意度、外方员工待遇与收入满意度与中方合作意愿度的相关系数较小是比较容易理解的，而文化差异度、行业竞争度、政策完善程度的较小相关性则令很多人费解。在世界经济全球化趋势不断加强的时代，中方合作者对文化差异的适应能力也在不断提高，他们往往更加关注外方管理人员的素质而不是文化差异程度本身。较高的外方管理者素质可以在很大程度上缓解文化差异所造成的冲突。在高度关注本方谈判实力的变化程度、员工待遇与收入满意度、合作匹配度、外方管理者素质状况、中方收益满意度等因素的前提下，即使在行业竞争程度很高的情况下合资企业也应该具有足够的竞争能力，所以行业竞争度本身对中方合作意愿度的影响并不是很明显。中方合作者基本上都是国有企业和集体企业，他们大多已经适应了本国传统的政策环境，而且政策环境本身确实处于变化之中。所以，我国的政策完善程度对外方合作意愿度影响较大而对中方合作意愿度影响较小。

二 外方合作意愿度与影响因素相关性统计结果的分析

需要说明的是，在我们问卷调查的合资企业以及搜集到的样本案例中，中方母公司的国际合作经验基本上没有直接引起合作冲突，将其与中方合作意愿度的相关系数视做 0。

表 5-1 与图 5-3 中的统计结果显示，在中外合资企业中，与外方合作意愿度相关性较大的五个影响因素依次是合作匹配度（0.158）、中方管理者素质状况（0.151）、外方管理者素质状况（0.112）、中方谈判实力的变化程度（0.080）、中方员工待遇与收入满意度（0.080）；相关性较小的五个因素依次是行业竞争度（0.012）、外方谈判实力的变化程度（0.026）、文化差异度（0.031）、合同完备率（0.046）、外方员工待遇与收入满意度（0.056）。

合作匹配度是影响合资外方合作意愿度最大的因素，其影响程度明显高于中方。这种现象在很大程度上表明外方合作者更加注重合作伙伴的选择与投资战略的实现，其独立发展的意识非常强烈；相反，受以产权制度为核心的传统体制、各级政府相关政策的影响，中方企业“为合资而合资”的现象较普遍，往往以达成合作为主要目的而较少考虑合作匹配度。只要中方合作者拥有足量的外方在华经营所需要的稀缺资源或支持能力，就有助于外方投资战略的实现，外方合作意愿度就会很高。否则，即使直接经济收益（主要指某合作期内的即期、短期经济收益）较高，外方合作意愿度也往往不会很高。统计结果表明，外方收益满意度与外方合作意愿度的相关系数处于较低的水平，只有0.062。从整体上讲，外方合作者比中方合作者更加注重合作的长期收益与战略收益。

中方管理者素质状况是影响外方合作意愿度相关系数第二位的因素，这说明中方管理者素质状况在整体上还不能满足中外合资企业发展的需要，造成了较严重的具有破坏性的合作冲突。中方管理者素质的主要问题在于，对现代化企业经营理念、管理理念以及管理手段的掌握相对比较薄弱、与境外伙伴合作的经验比较匮乏等方面。

外方管理者素质状况是影响外方合作意愿度相关系数第三位的因素，这说明该因素对合作冲突、合作质量有着比较大的影响。在我们进行问卷调查的案例中，中方因冲突水平过高而要求外方更换或者撤出其管理人员的现象大量存在，外方在很多情况下都不得不接受这一要求。这种状况说明，外方对其派出管理人员的素质也往往不满意，但是又很难选派出更加理想的管理人员。外方管理人员退出合资企业之后，对本方资产、合资企业运营等方面的控制就很难实施，受中方控制的程度更高，在很多情况下都不得不采取更加合作的态度。事实上，对于跨国公司母公司来讲，选派合格的、派往发展中国家合资企业的“海外经理人”仍然是一个国际性的难题。

中方谈判实力的变化程度是影响外方合作意愿度相关系数较大的因素，其相关程度远远高于外方谈判实力的变化程度。其原因在于，在中外合资经营企业中，随着外方本地化知识的增加，其技术、资金、品牌、经营、管理等方面所带来的综合谈判优势呈增强趋势。如果没有本地化支持之外的新的谈判优势的培育，中方对合资企业的贡献能力呈下降趋势，其谈判实力也随之下降。在合作过程中，中方谈判实力与外方合作意愿度呈同向变化趋势。也就是说，外方合作意愿度随中方谈判实力的增强而提高，随中方谈判实力的减弱而下降。

中方员工待遇与收入满意度对外方合作意愿度的相关系数影响也较大，明显高于外方员工待遇与收入满意度（0.056）。这种现象说明：一方面，外方员工对待遇与收入大多比较满意，没有因此而过多影响外方收益；另一方面，国外跨国公司在华投资的主要动机之一就是利用廉价劳动力降低成本，对这些外方合作者来说，中方员工待遇与收入满意度越高，其合作意愿度往往就越低，二者呈反向变化趋势。比较大的相关系数说明，我国劳动力成本的提高越来越多地影响着外方的合作态度。

从相关性较小的角度来看，行业竞争度是相关系数最小的因素。这是因为，绝大部分外方合作者都来自市场化程度比较高的国家或者地区，所投资的产业也基本上都是在母国比较成熟、竞争度比较高的产业，它们对竞争的环境已经具备了较强的适应性。而且，受贸易保护政策的长期影响，中国国内市场的行业竞争度一般都低于它们的母国。对于母公司体系中实行纵向分工的跨国公司来讲，其来华投资的主要动机往往在于对廉价劳动力的利用，而不是中方直接的竞争支持。即使在中国市场竞争，外方所依靠的也主要是其自身的核心竞争能力，而不是中方的竞争优势。在这种背景下，对华投资只是外方母公司全球战略体系的一部分，中国国内市场的行业竞争度对外方合作意愿度的影响就很小。

外方谈判实力的变化程度是影响外方合作意愿度的第二位因素。因为在中外合资企业中，外方谈判实力在总量上往往比较稳定（Anderson，1990），合作匹配度的变化主要取决于中方谈判实力的变化程度。中方谈判实力相对提高，外方谈判实力则随之下降，合作意愿度就会随之提高；反之则下降。

与对中方合作意愿度的影响相似，文化差异度对外方合作意愿度的影响程度也比较小。这说明在跨国界、跨地区的国际企业合作行为中，文化差异度作为基础性的因素对合作冲突水平、各方合作意愿度变化的影响都不是直接的，也不是主要原因。

合同完备率与外方合作意愿度的相关系数影响较小，这主要是中国特殊的政策环境、体制等因素造成的。对于我国国有企业和集体企业来讲，尽管改革正在不断深入，但与成熟的市场经济国家相比，企业的运作模式、经营方式、竞争手段等方面都还存在大量的不规范现象。在这种背景下，合资企业发展过程中的可变因素非常多，合作过程中的大量冲突都要依据各方主要合作动机、综合谈判优势状况来磋商解决，对合同的依赖程度相对较低。可以说，在中外合资企业中，无论多么完备的合同都不能完全避免合作过程中破坏性冲突的发生。

外方员工待遇与收入满意度同外方合作意愿度的相关系数影响只有 0.056，这说明外方员工对自己待遇与收入的满意程度比较高，大多没有因此影响外方合资战略的实施。依据我们的调查，外方员工待遇的确定标准大多数都是参照母公司所在国同行业同类人员待遇与收入水平再加上海外工作津贴来确定的，中方合作者对此也大多没有异议。

同样需要说明的是，调查结果显示，中方母公司的国际合作经验基本上没有直接引起合作冲突，我们将其对外方合作意愿度的相关系数的影响视做 0。

出乎很多中方合作者的预料，外方收益满意度与外方合作意愿度的相关系数处于 0.062 的一般水平，出现这种情况主要有两方面的原因：其一，外方母公司大多整体实力较强，更加注重战略收益、长期收益，在合资之初往往可以而且有能力接受直接收益较低甚至一定时间的亏损；其二，合资企业往往只是外方母公司全球战略体系中的一个环节，外方母公司大多追求其全球战略体系的整体收益，在很多情况下它们与中方合资所追求的就是获得稳定可靠、价格低廉的供货渠道，其主要收益体现在产品外销或者后续加工增值等环节之中，对过于追求短期合作收益的行为往往表现出不适应性（Ingmar，Bjorkman，Lu Yuan，1999）。比较而言，中方合作者往往对直接合作收益的关注程度更高。

第五节 小 结

在国内外研究成果的基础上，依据问卷调查、专家评价等形式，我们提出了合资企业合作过程中各方合作意愿度影响因素的假设，并确定了各因素的取值方法；据此设计了调查问卷，对部分中外合资企业进行了问卷调查；依据调查案例与样本案例的数据，我们分别对中外双方合作意愿度与各影响因素的相关程度进行了统计分析。统计结果表明，与中方合作意愿度相关性较大的因素依次是中方谈判实力的变化程度、中方员工待遇与收入满意度、合作匹配度、外方管理者素质状况、中方收益满意度，相关性较小的五个因素依次是文化差异度、外方收益满意度、行业竞争度、外方员工待遇与收入满意度、政策完善程度；与外方合作意愿度相关性较大的因素依次是合作匹配度、中方管理者素质状况、外方管理者素质状况、中方谈判实力的变化程度、中方员工待遇与收入满意度，相关性较小的五个因素依次是行业竞争度、外方谈判实力的变化程度、文化差异度、合同完备率、外方员工待遇与收入满意度。最后，我们分别分析了各影响因素与中外方合作者合作意愿度相关系数差异的原因。

第六章 合作过程中的冲突防范对策与冲突管理措施

对于任何形式的企业来讲，其内部冲突的存在都是不可避免的。同样，对中外合资企业来讲，各方之间的合作冲突也是客观存在的，冲突管理的目的不应该是消弭冲突，而是尽量避免有害冲突的出现或者尽量防止其激化。依据以上各章的研究结论，我们分别从中方与外方的角度提出其各自基于因素管理的冲突防范对策与冲突管理措施，并从合资企业冲突管理的角度为我国政府部门提出相关的政策建议。

第一节　中方企业的冲突防范对策与冲突管理措施

对于合资中方企业来讲，要提高本方合作收益、控制合作冲突水平，冲突管理措施主要有以下几个方面。

第一，寻找与本方匹配度较高的伙伴进行合作，这是成功合作的基础性前提条件。长期以来，我国相当一部分企业在寻找合作伙伴时主要的条件往往是建立合资企业、获得资金支持等，带有明显的急功近利的特点（Boone，Van Witteloostuijn，1999）。实际上，要找到理想的合作伙伴，中方企业要做大量细致而有效的工作：首先，要明确本方主要的合资动机、目标，并对其必要性、可行性进行充分的论证；其次，要客观地评价本企业的谈判实力状况，合理预测本方对合资企业贡献能力的变化趋势；再次，全面收集有合作意向的外方企业信息，详细分析其优势与劣势、主要合作动机、与本企业的合作匹配程度，确定一个或几个主要的谈判对象；最后，重点与选定的主要对象的进行谈判，尽可能选择最理想的伙伴进行合作。在合资行为正式启动的阶段，中方企业应首先成立一个专门的临时机构进行合作前的准备工作。这一机构应该包括企业战略管理、信息、财务、营销、技术、生产等部门的人员。在其职能设置上，对本企业实力的评估、可能的国外合作者信息收集与处理等应放在尤其重要的位置。

需要说明的是，规模巨大、居于国际领先地位的国外大企业并不一定适合所有中方合作者。在选择合作伙伴时，中方企业一定要避免盲目求大的做法（田炜华，2001；Killing，1982）。同时，中方也不应该简单地追求外方技术的先进程度（侯贵生，张立海，2001）。

第二，在合作过程中，中方企业应尽可能加强原有谈判优势，提高本方核心竞争能力，不断培育新的谈判优势。由于我国经济发展的整体水平与发达国家相比尚较低，企业的国际竞争能力、独立发展能力也比较低。所以，外方合作者在合作之初往往最需要的是中方的本地化支持。但是，对中方企业来讲，以本地化支持为主形成的谈判优势越来越靠不住。随着我国开放程度的增强，经济与社会生活等各方面的规范化程度、尤其是经济政策的完善程度迅速提高，国外企业进入中国的障碍越来越少（樊纲，2000）。随着在华经营时间的延长，外方合作者的本地化知识也必定会随之增加，对中方本地化支持的依赖程度下降。在这种背景下，中方企业如果不能及时培育新的优势，其整体谈判实力就会随之下降，外方谈判实力就会相对提高，其合作意愿度也会随之下降。当双方谈判实力的原有均衡被打破时，合作冲突水平就会随之提高。也就是说，中方应及时培育本地化支持之外的本方谈判优势，才能维持合作匹配度的均衡，使合作冲突维持在合理的水平上。

第三，中方应尽可能选择高素质的本方管理人员进入合资企业。统计结果显示，中方管理者素质状况是影响外方合作意愿度的第二位因素，这说明中方合作者的整体素质还比较低，是引起合作冲突、降低外方合作意愿度的主要因素之一。合资企业对各方管理人员、尤其是主要管理人员的综合素质要求是相当高的（Goodall，Warner，1997），中方企业从内部选派足量、合格的管理人员往往难度较大。所以，我们建议中方企业扩大本方管理人员的选聘范围，可以在国内甚至海外华人、留学生中公开选聘。

第四，减少决策的盲目性，选择发展空间较大、技术含量较高的业务进行合资，以维持较高的收益水平和较好的发展前景。中方企业合资的直接成本可能并不是很高，但机会成本往往很高。选择发展空间较大、技术含量较高、本方比较薄弱而外方比较领先的业务领域进行合资，可以使本方的综合收益（包括即期经济收益和远期战略收益）空间加大，提高对直接收益的承受能力，降低合作冲突水平。

第五，将中方员工待遇与收入满意度作为谈判内容，并将磋商结果写进合同。在中方员工待遇与收入问题上，中外双方合作者往往持完全相反的态度：中方希望定得比较高而外方希望定得比较低。这是因为，对廉价劳动力的利用是外方合作者来华投资的主要动机之一（Osland，Cavusgil，1996）。所以，中方合作者应该在合资谈判中确定各方员工待遇与收益的确定原则（如与本国或本地区同行业同类人员相比应该居于什么样的水平），以减少随意性，降低合作冲突的水平。

第六，合资之前，中方企业应按照现代企业的标准改制。造成中方谈判实力下降、引起合作冲突的很多因素实际上都可以归结为中方企业改制不到位（Child，1995）。

第七，中方企业一般不要整体进入合资企业，而应该把合资当作一种战略性的手段。如前所述，合资企业在国际范围内并不是一种能够长期存在的稳定的企业形式，它只是各方母公司长期发展战略中的一种手段，是一种阶段性的形式。如果中方企业整体进入合资企业，那么中方在合资中的收益尤其是战略收益就会缺乏有效的承载主体，影响中方合资动机的实现程度，也会影响合资各方谈判实力的均衡。在我国经济体制改革尤其是产权制度改革尚未完成的情况下，国有企业、集体企业仍是合资中方主体，这一问题就显得尤其突出。

第二节　外方企业的冲突防范对策与冲突管理措施

对于合资外方企业来讲，要提高本方合作收益、控制合作冲突水平，主要冲突管理措施应体现在以下几个方面：

第一，选择匹配度较高的中方合作伙伴。对于外方合作者来说，选择与政府联系比较紧密的中方合作伙伴，可以在合作之初得到较强的本地化支持（Tomlinson，1970），但是中方企业受传统体制的影响程度也比较高，随着合作期的延长，往往会出现比较激烈的合作冲突。所以，外方应选择规范化程度较高而又能够提供其本地化经营所需稀缺资源的中方企业进行合作。

第二，对于以开拓中国市场为主要合资动机的外方企业来说，要有足够的耐心，在取得中方企业比较充分的信任以后，中方在员工的管理与控制、成本控制等方面往往会提供强有力的支持。这种类型的外方企业在注重远期战略收益的同时，又必须重视即期收益，因中方往往对即期收益的依赖程度更高。否则，合作之初的亏损达到一定程度很容易导致合作破裂，外方的远期收益也就很难谈得上了。

第三，在中方员工待遇与收入方面采取相对宽容的姿态。中方员工，尤其是管理人员在合资之前往往除工资、奖金之外还享受程度不同的各种福利，但到合资企业工作之后这些福利大幅减少或者完全取消，其收入与待遇往往主要体现在工资、奖金中。另外，在合资企业中工作，风险相对较大，员工的收入预期也相对较高。因此，外方在中方员工待遇与收入方面采取相对宽容的姿态，往往可以得到信赖；如果斤斤计较，引起员工的抵触情绪，甚至造成与中方合作者之间的激烈冲突，外方的收益往往会受到更大的损失。

第四，对中方管理者素质提出明确的要求，将达成共识的谈判结果写进合同。同时，外方还应该允许中方管理人员有一个提高素质的过程。如果中方管理人员素质确实很难达到合资企业发展的要求，可采用第三方管理或者由合资企业独立选聘主要管理人员的方法。只要各合作方达成共识，这种方法可以在很大程度上缓解合作冲突。

第五，对本方管理者素质问题，外方应通过培训等方式重点培养其与中方企业的合作能力以及本地化适应能力，最好选择具有在发展中国家工作经验、在中国工作经验的人员。如果在母公司内找不到这样的人员，培训也达不到预期的效果，则应该考虑在全球范围内或者在母国、中国本土公开选聘。需要说明的是，培训的作用是有限的，培训不能够解决全部问题（Black，Mendenhall，1990）。

第三节　政策建议

对于中国政府来讲，要降低合资冲突、提高合作质量，我们认为目前主要应采取以下几个方面的措施：

第一，不要单纯追求合资企业个数与引进外资总量的增加，而应该更加关注合资企业的发展质量，尤其是要高度关注合作动机的实现程度。目前，我国每年吸引的外资总量已经稳居世界第二位、发展中国家首位，利用外资工作已经进入了全面提高质量的阶段，不宜再给各级官员确定总量指标。事实上，中外合资企业的很多合作冲突都是由于中方政府与企业的急功近利行为造成的。单纯为合资而合资的行为往往带来激烈的合作冲突，降低合作质量。

第二，合资之前应对国有、集体企业进行全面的现代企业制度改造，尽量不让中方企业整体进入合资企业。中方谈判实力的下降、过分注重短期收益与个人收益等造成激烈合作冲突的几个主要因素，实际上大都源自中方企业的性质、传统体制的影响。所以，将中方企业塑造成真正的市场竞争主体，是有效降低合作冲突、提高合作质量的前提条件。对于国有企业或者国家控股的企业，政府一般不要允许它们整体进入合资企业（尤其是在外方控股的情况下）。整体进入合资企业之后，一方面中方的一些战略性收益很可能会失去载体，不利于中方合资动机的实现；另一方面，也使中方在合作过程中的综合谈判实力很难提高，更谈不上培育新的谈判优势。一部分中方企业的合资行为不是以正常生产经营活动的发展为目的，而是为了获得政府的优惠政策、完成上级下达的引资指标，甚至是为方便走私、谋取个人私利。表面上，这种情况表现为中方引资目标的模糊性（樊志英，喻世友，2000），其根本原因在于我国传统经济体制与企业管理体制的惯性影响。

第三，为中外方合作者提供信息上的支持，以提高合作匹配度。无论是中方还是外方，要得到不同国家合作方的完整信息都是很困难的。所以，仅靠企业的力量，找到理想的、匹配度比较高的合作伙伴也就更难，这对中方企业来讲更显突出。所以，要提高合作匹配度，降低合资冲突水平，政府应该尽可能为各方合作者提供合作意向、企业信誉、行业竞争、需求变化等方面的信息支持。

第四，放开对我国民营企业、私营企业对外合资的限制。

第五，进一步完善合资企业的外部环境，保护外方投资者的合法权益。

第六，加快人才培养，帮助中方企业全面提高管理人员素质。

第四节　冲突防范对策与冲突管理措施的验证

我们利用专家评价方法对上述冲突防范对策与冲突管理措施的有效程度进行了验证。在访谈的30位专家中，28位是中外合资企业中方高级管理人员，两位是青岛市外经贸局招商引资工作的负责人（详细情况见本书附录4）。

在专家评价中，中外双方寻找与本方匹配度较高的伙伴进行合作、中方企业应重点培育本地化优势之外的新的谈判优势、在合资谈判中明确中方员工待遇与收入的确定原则、尽量不让中方国有企业与集体企业整体进入合资企业、放开对我国民营企业与私营企业对外合资的限制的有效性得到了普遍的认同。对于外方要有足够的耐心以获得中方合作者的信任，24位专家表示认同，2人否定，4人未表态。对于选择发展空间较大、技术含量较高的业务进行合资，29位专家表示认同，1人未表态。对于各方应尽可能选择高素质的本方管理人员进入合资企业，29位专家表示认同，1人未表态；否定与未表态者的主要依据在于多数来华投资的国外中小企业很难有足够的耐心。对于在谈判中明确对中方管理者的素质要求，27位专家表示认同，1人否定，2人未表态。对于政府加快合资企业外部环境的完善，26位专家表示认同，1人否定，3人未表态。对于注重合资企业的发展质量淡化数量指标，27位专家表示认同，3人未表态。对于帮助中方企业全面提高管理人员素质，29 人认同，1 人否定；否定与未表态者的主要依据在于这些方面在短期内较难做到。对于为中外方合作者提供信息支持，27 位专家表示认同，2 人否定，1 人未表态。见表 6-1、表 6-2。

表 6-1　合资企业冲突防范对策建议的验证

冲突状况	冲突防范对策	验证		
		赞成/人	不赞成/人	难以表态/人
一方相对谈判实力明显下降	寻找与本方匹配度较高的合作伙伴	30		
文化、管理水平与模式等冲突水平提高	外方要有足够的耐心以获得中方合作者的信任	24	2	4
中方谈判实力下降导致外方合作意愿度下降	中方提高本地化优势之外的新的谈判优势	30		
各方收益满意度过低导致冲突水平升高	选择发展空间较大、技术含量较高的业务进行合资	29		1
中外方管理人员素质较低	各方应尽可能选择高素质的本方管理人员进入合资企业	29	1	
中方员工待遇与收入满意度较低	在谈判中明确中方员工待遇与收入的确定原则	30		
中方管理人员素质较低	在谈判中明确对中方管理者的素质要求	27	1	2

表 6-2　对政府合资冲突防范对策建议的验证

冲突状况	冲突防范对策	验证		
		赞成/人	不赞成/人	难以表态/人
因政策完善度低导致外方对中方的本地化支持不满	政府加快合资企业外部环境的完善	26	1	3
中方企业的整体谈判实力下降，所有者缺位	合资之前中方企业应按照现代企业的标准改制	30		
中方合作动机模糊导致合作匹配度较低	注重合资企业的发展质量，淡化数量指标	27		3
中方管理人员素质较低导致外方不满	帮助中方企业全面提高管理人员素质	29	1	

续表

冲突状况	冲突防范对策	验证		
		赞成/人	不赞成/人	难以表态/人
合作匹配度较低导致冲突水平提高	为中外方合作者提供信息支持	27	2	1
中方受传统体制影响较大导致外方不满	放开对我国民营企业与私营企业对外合资的限制	30		
中方谈判实力较低，合资收益、尤其是战略收益缺乏载体	尽量不让中方国有企业与集体企业整体进入合资企业	30		

依据专家评价的结果，在15项冲突防范对策与冲突管理措施中，获得认可的比率为95.1%，可以说其有效性得到验证。

第五节 小 结

依据以上各章的研究结论，我们分别从中方与外方的角度提出基于因素管理的冲突防范对策与冲突管理措施，并从合资企业冲突管理的角度为我国政府部门提出相关的政策建议。对于中方企业来讲，冲突防范对策与冲突管理措施主要有：合理确定本方合作动机，准确认识本方谈判优势，充分掌握有合作意向的外方企业的信息，寻找与本方匹配度较高的伙伴进行合作；在合作过程中，中方企业应尽可能加强原有谈判优势，提高本方核心竞争能力，不断培育本地化支持之外的新的谈判优势；选择高素质的本方管理人员进入合资企业；减少决策的盲目性，选择发展空间较大、技术含量较高的业务进行合资，以维持较高的收益水平和较大的发展空间；在合资谈判中确定各方员工待遇与收入的确定原则，以减少随意性；合资之前，按照现代企业的标准改造中方企业；中方企业一般不要整体进入合资企业，而应该把合资当作一种战略性的手段。外方企业的冲突防范对策与冲突管理措施主要有：选择规范化程度较高而又能够提供外方本地化经营所需要稀缺资源的中方合作伙伴；对于以开拓中国市场为主要合作动机的外方企业来说，要有足够的耐心，要取得中方的信任；在中方员工待遇与收入方面要采取相对宽容的姿态；对中方管理者素质提出明确的要求，同时又要允许中方管理人员有一个提高素质的过程；在本方管理者素质方面，应通过培训、扩大选择范围等方式提高其合作能力以及本地化适应能力。对于中国政府来讲，要降低合作冲突、提高合作质量，应采取的措施主要有：降低对合资企业数与引进外资总量的追求，不再给各级政府官员确定总量指标；合资之前应对国有、集体企业进行全面的现代企业制度改造，尽量不让中方企业整体进入合资企业；为中外方合作者提供更有效的信息支持；放开对我国民营企业、私营企业对外合资的限制；进一步完善合资企业的外部环境，保护外方投资者的合法权益；加快人才培养，帮助中方企业全面提高管理人员素质。本书通过专家评价的方法，对冲突防范对策与冲突管理措施的有效性进行了验证。

第七章 结论

合作过程中的冲突防范管理是中外合资企业管理中存在的重要问题。本书在研究合作过程的基础上，构建了合作匹配度分析模型，利用问卷调查与统计分析、合作博弈分析与仿真研究等方法，研究了合作意愿度的影响因素以及各因素的影响程度；按照“因素管理”原则提出了冲突防范管理措施与相关对策建议。

第一节 本书的主要研究成果

一 构建合资决策模型并确定了合资形成的理想匹配条件

基于各方谈判实力状况的合作匹配度，是决定合资协议能否达成、合作冲突水平、合作质量的基础性因素。Bleeke、Ernst 和 Porter 等研究者分析了各合作方谈判实力状况对合资企业稳定性的影响，但没有科学地界定谈判实力这一概念，严重制约了更深度研究的进行。本书提出，谈判实力是某一方所拥有的、为其他合作方以及合资企业发展所需要的有效资源的数量，是各合作方对合资企业的贡献能力。本书提出并界定了合作匹配度的概念：合作匹配度是指各合作方所拥有的有效资源的价值总量之比，是各方满足对方需要的能力的匹配程度。在此基础上，本书通过问卷调查分别确定了中外各方单项有效资源的种类，建立了合作匹配度的计算模型。模型分析表明：合作匹配度越接近于1，各方的谈判实力越均衡，高质量的合资协议越容易达成，高质量合作的基础越稳定，并通过问卷调查的方式验证了这一结论；合资企业成立之后，各方谈判实力始终处于均衡与失衡的交替变化之中，由此造成合作匹配度的动态性变化，进而影响着各方对合资企业的控制权与合资收益的大小。合作匹配度概念的提出与界定、计算模型的建立以及对合资协议达成的理想匹配条件的分析，为深入研究合作过程中合作冲突水平与各方合作意愿度的变化规律、冲突防范管理手段等问题奠定了坚实的基础。

二 提出了中外合资企业合作过程中各方合作意愿度影响因素的取值方法

根据相关性分析的需要，本书在问卷调查的基础上，以层次分析方法为基础，分别确定了政策完善程度、中方收益满意度、外方收益满意度、文化差异度、合作匹配度、合同完备率、中方谈判实力的变化程度、外方谈判实力的变化程度、中方母公司的国际合作经验、行业竞争程度、中方员工待遇与收入满意度、外方员工待遇与收入满意度、中方管理者素质状况、外方管理者素质状况、中方企业受传统体制的影响程度等15个合作意愿度影响因素的取值方法。这一方法较好地解决了外部环境、无形资产、战略收益等一些难以直接获取客观数据的因素的取值问题，为全面分析各因素对合作意愿度的影响程度提供了条件，为冲突分析以及有效的冲突管理提供了基础。

三 中方谈判实力变化是影响各方合作意愿度的首要因素

Sim和Ali（1998）等研究者认为，影响合作冲突以及合作成败的决定因素主要有和母公司相关的产业的管理以及母公司的内部结构、控制方式等。多数国内研究者认为，影响合作冲突水平的最主要因素是文化差异、收益满意度等。但是，本书利用匹配度分析等方法进行统计分析的结果显示，在中外合资经营企业中，中方谈判实力变化所引起的合作匹配度的动态变化，是影响各方合作意愿度的首要因素，也是冲突防范管理要考虑的首要因素，而文化差异度、收益满意度对合作冲突水平、合作意愿度的直接影响并不很大。出现这种情况的原因在于，在中外合资经营企业中，随着外方本地化知识的增加，其技术、资金、品牌、经营、管理等方面所带来的综合谈判优势呈增强趋势。如果没有本地化支持之外的新的谈判实力的培育，中方对合资企业的贡献能力呈下降趋势。在合作过程中，中方谈判实力与外方合作意愿度呈同向变化趋势。也就是说，外方合作意愿度随中方谈判实力的增强而提高，随中方谈判实力的减弱而下降。

这一统计研究的结果为中方企业进行有效的冲突管理、提高合作动机的实现程度找到了明确的切入点。作者利用问卷的形式对这一研究结论进行了验证。

四 中方员工待遇与收入满意度对合作意愿度的影响大于中方收益满意度的影响

在规范的企业制度背景下，作为合作主体的各方母公司的收益满意度对合作意愿度的影响程度应该大于各方雇员收益满意度的影响。然而，本书的统计分析结果显示，在中外合资企业中，中方员工待遇与收入满意度对合作意愿度的影响大于中方母公司收益满意度的影响，这是由特殊的政策与中方企业体制造成的。《中华人民共和国中外合资经营企业法》规定，只有国有企业或者集体企业才能够作为合资中方主体，这些企业的所有者缺位、产权不清晰等特征造成了个人收益最大化的现象。这一研究结果为中方企业进行有效的冲突管理、提高合作收益提供了有力的依据。研究结果显示：为提高合作质量和本方合作动机的实现程度，中方应该在合资之前按现代企业的标准对企业进行改制；政府应放开对私营、民营企业的合资限制；中方企业一般不应该整体进入合资企业，应维持母公司的独立存在，以控制本方员工的行为，控制合作冲突，维护本方合作收益。

五 建立了中外合资企业合作过程的图型化表示方法、分类及其仿真模式

在一个孤立的博弈行为中，各方主要基于本方的现实收益选择最有利的行为方案；在合作过程的多次博弈行为中，各方不仅要考虑现实收益，更要考虑未来的合作收益、战略收益，所以单项博弈行为中的最优选择并不一定是多次博弈的最优。以各方合作行为为基础，本书构建了基于合作过程的图型化表示方法。制造这种图型的主要原则为：将一个完整案例制作成一个图型；每个图型中均包括多个合作事件，起点是中外合资各方企业名称，终点是调查期内或者合资企业存续期内最后一个合作事件的博弈结果；每一个图型有左右两列，分别代表中方与外方的合作行为；每一相对应的横排结构为合作过程中的一个事件，分别表示一方的合作行为或冲突行为与另一方的反应；在每一事件中，针对合作或冲突问题分别设计出各合作方的多个备选方案，箭头指向的是实际选择方案；每一合作事件之后用一直角长方形文本框说明该事件的博弈结果。不同合作事件之间按时间先后顺序，用实线箭头由本方上一事件中的实际选择指向下一事件中的实际选择。从各方实际选择方案与备选方案的对照中，我们可以更好地确定各方对合作的态度、合作意愿度、

对合作冲突的忍耐度等指标，更好地认识合作冲突、管理合作冲突，有效提高合作质量。这种图型化表示方法比一般性描述更好地体现了合作过程的连续性和完整性，既显示了各方的实际选择又体现了备选方案与博弈结果，更有利于对合作事件进行博弈分析和仿真分析。

本书通过示例，表明了合作过程的仿真模式，并将中外合资企业合作过程分成六种类型：中方谈判实力下降型、外方谈判实力下降型、双方均“耍小聪明”型、初始合作匹配程度较低型、合作中止型、外方绝对优势型。仿真结果的分析及验证表明了本书所选用的非完全共同利益群体合作意愿度模型可用于中外合资企业的合作冲突分析与管理。

第二节 有待进一步研究的问题

一 各方合作冲突水平的变化引起合作破裂的临界点问题

本书主要研究的是影响合作意愿度变化、合作冲突水平的主要因素以及冲突防范对策与冲突管理措施，但是合作意愿度与合作冲突水平的变化确实存在临界点。当引起破坏性合作冲突的主要因素影响到一定程度时，至少一个合作方的合作意愿度就会下降到导致合作破裂的水平。在现实的合资行为中，破坏性的冲突大量存在，合作意愿度下降也是一种普遍存在的现象，但在大多数情况下合作并没有破裂。因此，对这一临界点出现的条件以及防范措施作进一步的分析与研究，对于中外合资企业的冲突防范管理就显得非常必要。

二 合作过程中合作匹配度、合作意愿度的均衡条件

在中外合资企业中，成功的合作意味着各方的主要合作动机都能够比较充分地实现。成功的合作首先依赖于各方合作匹配度、合作意愿度的均衡，而且这种均衡的趋势必须在动态变化中得以维持。因此，深入研究合作匹配度、合作意愿度均衡的条件，有助于降低合作成本，提高合作质量。

三 各方合作动机实现程度的度量

在现实的合资行为中，合作动机的实现程度在很大程度上影响着各方的合作意愿度以及具体的合作行为。但是，合作动机的实现程度，尤其是战略性合作动机的实现程度的确定尚无科学的可操作的方法来支撑，由此导致判断上的模糊性和决策上的随意性。因此，全面系统地研究合作动机的实现程度，可以使各方的合作行为更加理智。

参考文献

陈涛涛．2001. 合资谈判中企业无形资产价值的保全．国际经济合作，(2)：21～23

樊纲．2000. 发展相对优势、增强现实竞争力．宏观经济研究，(12)：23～26

樊志英，喻世友．2000. 论引资目的模糊化问题．国际贸易问题，(3)：50～54

郭朝阳．2000. 冲突管理：寻找矛盾的正面效应．广州：广东经济出版社：113，114

侯贵生，张立海．2001. 我国"入世"应对策略的产业升级误区．国际经贸探索，(1)：18～22

侯贵生，张鹏柱．2002. 中外合资企业内部冲突的影响因素．经济理论与经济管理，(2)：50～54

侯贵生，张鹏柱等．2002. 合作与冲突的游戏——中外合资各方合作动机的冲突与合作机制研究．企业管理，(5)：83～86

贾名清．2000. 略论跨国公司战略联盟．经济问题，(9)：17，18

江小涓，冯远．2000. 合意性、一致性与政策作用空间：外商投资高新技术企业的行为分析．管理世界，(3)：68～72

李国平．2000. 日本对外直接投资动机的区域差异研究．世界经济，(2)：50～56

李果，关可平．1998. 企业管理的现代化、后现代化与基础化的融合发展．管理现代化，(6)：31～34

李会明．2001. 知识经济竞争及对我国的启示．北京工业大学学报，(1)：27～31

李霆，张朋柱．1999. 促进合作的博弈模型研究．见：第五届全国青年管理科学与系统科学会议文集．天津：南开大学出版社：1～4

林秉贤．1985. 社会心理学．北京：群众出版社：116～119

毛育新，杨金同．1999. 外方经理眼中的合资企业．国际经济合作，(7)：24～27

聂卫东．1999. 重新认识中外合营企业．国际经济合作，(12)：48～50

斯蒂芬·罗宾斯．1997. 组织行为学（第7版）．北京：中国人民大学出版社：386～388

田炜华．2001. 探讨双赢：诺基亚和它的中国伙伴们．中国企业家，(4)：9

王二平，吉姆·华尔士．2000. 以人为鉴：中美合资企业双方管理者相互的评论．管理世界，(1)：184～192

席酉民．2000. 管理研究．北京：机械工业出版社：230

徐艳梅，韩福荣．2000. 对中外合营企业稳定性的分析及评价．中国软科学，(6)：54～59

徐艳梅．2000. 中日合资企业的跨文化融合．企业管理，(3)：52，53

薛求知．2000. 跨国公司与中国市场．上海：上海人民出版社：263～294

詹晓宁，葛顺奇．2002. 多边投资框架与我国经济战略．国际经济合作，(7)：4

钟伟．2002. 利用外资变革前瞻：环境、途径与热点．国际经济合作，(3)：23

周钟．2001. 涉外企业别小看文化整合．中外管理，(4)：36～38

Adler N J，Graham J. 1989. Cross-cultural interaction：the international comparison fallacy? Journal of International Business Studies，20 (Fall)：515～537

Adler N J，Brahm R，Graham J L. 1992. Strategy implementation：a comparison of face-to-face negotiations in the People's Republic of China and the United States. Strategic Management Journal，13：449～466

Agarwal S，Ramaswami S N. 1992. Choice of foreign market entry mode：impact of ownership，location，and internationalization factors. Journal of International Business Studies，23：1～27

Aldrich H. 1977. Visionaries and villains：the politics of designing inter organizational relations. Organization and Administrative Science，8 (1)：23～40

Anderson E. 1990. Two firms，one frontier：on assessing joint venture performance. Sloan Management Review，31 (2)：19～30

Anderson E，Gatignon H A. 1986. Modes of foreign entry：a transaction cost analysis and propositions. Journal of International Business Studies，17：1～25

Anderson E，Narus J. 1984. A model of the distributor's perspective of distributor-manufacturer relationships. Journal of Marketing，48 (Fall)：62～74

Assael H. 1969. Constructive role of interorganizational conflict. Administrative Science Quarterly，14：573～582

Beamish P A. 1993. The characteristics of joint ventures in the People's Republic of China. Journal of International Marketing，1：29～48

Beamish P W. 1985. The characteristics of joint ventures in developed and developing countries. Columbia Journal of World Business，20：13～19

Beamish P，Delios A. 1997. Improving joint venture performance through congruent measures of success. *In*：Beamish P，Killing P. Cooperative strategies. European Perspectives：103～127

Black J S，Mendenhall M. 1990. Cross cultural training effectiveness：a review and a theoretical framework for future research. Academy of Management Review，15：113～136

Boone C，Van Witteloostuijn A. 1999. Competitive and opportunistic behavior in prisoners'dilemma games：experimental evidence on the impact of culture and education. Scand J Mgmt，15：333～350

Brown J，Day R. 1981. Measures of manifest conflict in distribution channels. Journal of Marketing Research，18 (August)：263～274

Cheng L T W，Fung J W，Lamk. 1998. An examination of the determinants of stock price effects of US-Chinese joint venture announcements. International Business Review，7：151～161

Child J. 1991. A foreign perspective on the management of people in China. International Journal of Human Resource Management，2：93～107

Child J. 1995. Changes in the structure and prediction of earnings in Chinese state enterprises during the economic reform. International Journal of Human Resource Management，6：1～30

Cosier R，Dalton D. 1990. Positive effects of conflict：a field assessment. International Journal of Conflict Management，January：81～92

Cox T H，Lobel S A，Macleod P L. 1991. Effects of ethnic group cultural differences on cooperative behavior on a group task. Academy of Management Journal，34 (4)：827～847

Cullen J，Johnson J，Sakano T. 1995. Japanese and local partner commitment to IJVs. Journal of International Business Studies，26（1）：91～116

Dacin M. T，Hitt M A，Levitas E. 1997. Selecting partners for successful international alliances：examination of U. S. and Korean Firms. Journal of World Business，32（1）：3～16

Dean Tjosvold. 2000. Openness among Chinese in conflict：effects of direct discussion and warmth on integrative decision making，Feb. Working Paper

Demirbag M，Mirza H. 2000. Factors affecting international joint venture sucesss：an empirical analysis of foreign-local partner relationships and performance in joint venture in Turkey. International Business Review，9：1～35

Driesen T S H. 1991. A survey of consistency properties in cooperative game theory. SIAM Review，33（1）：43～59

Durán J J，Ubeda F. 2000. The foreign direct investment development path：a new empirical approach. ASAC-IFSAM 2000 Proceedings 1，ASAC-IFSAM Conference，Montreal，Quebec，Canada

Evan W，MacDougall J. 1967. Interorganizational conflict：a labor-management bargaining xperi-ment. Journal of Conflict Resolution，11：398～413

Evans F. 1963. Selling as a dyadic relationship-a new approach. American Behavioral Scientist，6（May）：76～79

Fey C F，Beamish P W. 1999. Strategies for managing russian international joint venture conflict. European Management Journal，17（No. 1，February）：99

Fey C F，Beamish P W. 2000. Joint venture conflict：the case of Russian international joint ventures. International Business Review，9：139～162

Fisher W. A，Turpin D. 1997. Foreign companies' performance in China：an assessment at the start of the post-Deng era. Real World Real Learning，3（5）

Friedman W，Beguin J. 1971. Joint international. *In*：Business ventures in developing countries. New York：Columbia University Press

Fudenberg D，Maskin E. 1986. The folk theorem in repeated games with discounting and with incomplete information. Econometric，54：533～554

Geringer M. 1986. Criteria for selecting partners for joint ventures in industrialized market economies. Unpublished doctoral dissertation, University of Washington

Ghauri K R. 1998. The dynamics of joint venture relationships: a longitudinal perspective. Research in Marketing, 14: 123～150

Goodall K, Warner M. 1997. Human resources in Sino-foreign joint ventures: selected case studies in Shanghai compared with Beijing. International Journal of Human Resource Management, 8: 569～594

Gray B, Yan A. 1997. Formation and evolution of international joint ventures: examples from US-Chinese partnerships. *In*: Beamish P, Killing P. Cooperative, Strategies: European Perspectives

Gui G. 1998. The evolutionary process of global market expansion: experiences of MNCs in China. Journal of World Business, 33 (1): 87～110

Habib G. 1987. Measures of manifest conflict in international joint ventures. Academy of Management Journal, 30 (4): 808～816

Harrigan K R. 1986. Managing for joint ven-ture success. Massachusetts/Toronto: D. C. Heath and Company/Lexington

Harrigan K. 1988. Strategic alliances and partner asymmetries. *In*: Contractor F, Lorange J. Cooper-ative strategies in international business. Lexington, MA: Lexington Books

Hebert L. 1994. Division of control and joint venture performance. Unpublished doctoral Dissertation. University of Western Ontario

Hennart J F. 1988. A transaction costs theory of equity JVs (joint ventures). Strategic Management Journal, 9: 361～374

Hu M Y, Chen H. 1996. An empirical analysis of factors explaining foreign joint venture performance in China. Journal of Business Research, 35: 165～173

Hyder A S, Ghauri P N. 2000. Anaging international joint venture relationships a longitudinal perspective. Industrial Marketing Management, 29: 205～218

Hyder S. 1988. The development of international joint venture relationships: a longitudinal study of exchange of resources, control, and conflicts. Doctoral Dissertation, Upsalla University: 39

Ingmar Bjorkman，Yuan Lu. 1999. The management of human resources in Chinese-Western joint ventures. Journal of World Business，34（3）：156

Inkpen A C，Beamish P W. 1999. 合资企业的不稳定性．国际经济合作，（2）：51～55

Killing J P. 1983. Strategies for joint venture success. New York：Praeger

Killing J P. 1982. How to make a global joint venture work. Harvard Business Review，60，（3）：120～127

Killing J P. 1986. Strategies for joint venture success. London：Croom Helm，Ltd，Harrigan

Kim K. 1998. On determinants of joint action in industrial distributor-supplier relationships：Beyond economic efficiency. Research in Marketing，999（6）：217～236

Kogut B. 1988. A study of the life cycles of joint ventures. special issue on cooperative strategies in international business. Management International Review，12：39～52

Kreps D，Roberts P J，Wilson R. 1982. Rational cooperation in the finitely repeated prisoners' dilemma. Journal of Economic Theory，27：245～252

Lane H，Beamish P. 1990. Cross-cultural cooperative behavior in joint ventures in LDCs. Management International Review，30：87～102

Lapson R. 1994. Cooperation by indirect revelation through strategic behavior. Int J Game Theory，23：65～74

Lecraw D. 1984. Bargaining power，ownership，and profitability of transnational corporations in developing countries. Journal of International Business Studies，15：27～42

Lee D Y. 2001. Power，conflict，and satisfaction in IJV supplier-Chinese distributor channels. Journal of Business Research，52：149～160

Levary R R，Wan Ke. 1999. An analytic hierarchy process based simulation model for entry mode decision regarding foreign direct investment. The International Journal of Management Science，Omega 27：661～677

Litwin G，Stringer R. 1968. Motivation and organizational climate. Cambridge，MA：Harvard University Press：1

Lyles M, Salk J. 1997. Knowledge acquisition from foreign parents in international joint ventures: an empirical examination in the hungarian context. *In*: Beamish P, Killing P. Cooperative strategies: European perspectives. San Francisco: The New Lexington Press

Marjit S. 1990. Rationalizing public-private joint ventures in an open economy a strategic approach. Journal of Development Economics, 33: 377～383

Mayo E. 1945. The social problems of industrial civilization. Cambridge, MA: Harvard University Press

Min J, Prather L J. 2001. Tobin's q: agency conflicts, and differential wealth effects of international joint ventures. Global Finance Journal, 12: 267～283

Newburry W, Zeira Y. 1997. Generic differences between equity international joint ventures (EIJVs), international acquisitions (Ias) and international greenfield investments (Igls): implications for parent companies. Journal of World Business, 32 (2): 362, 363

Osland G E, Cavusgil S T. 1996. Performance issues in U. S. -China joint ventures. California Management Review, 38 (2): 106～130

Pan Yigang , Li Xiaolian. 1998. Alliance of foreign firms in equity joint ventures in China. International Business Review, 7: 329～350

Parkhe A. 1991. Interfirm diversity, organizational learning, and longevity in global strategic alliances. Journal of International Business Studies, 22 (4): 579～601

Parkhe A. 1993. Strategic alliance structuring: a game theoretic and transaction cost amination of interfirm cooperation. Academy of Management Journal, 38 (4): 794～829

Perlmutter H, Heenan D. 1986. Cooperate to compete globally. Harvard Business Review, March-April: 136～152

Perry J, Levine C. 1976. An interorganizational analysis of power, conflict, and settlements in public sector collective bargaining. American Political Science Review, 70 (4): 1185～1201

Pondy L. 1967. Organizational conflict: concepts and models. Administrative Science Quarterly，12：296～320

Ramaswamy K，Gomes L，Veliyath R. 1998. The performance correlates of ownership control：a study of U. S. and European MNE joint ventures in India. International Business Review，7：423～441

Reynolds J. 1984. The "pinched shoe" effect of international joint ventures. Columbia Journal of World Business，19：23～29

Robicheaux R，El-Ansary A. 1975. A general model for understanding channel member behavior. Journal of Retailing，52（Winter）：23～29

Rosenberg L，Stern L. 1971. Conflict measurement in the distribution channel. Journal of Marketing Research，8（November）：437～442

Sang Chae Choi，Kwang Sun Lim. 2002. Pyung Il Yu：strategic joint ventures with developing country in battles for technical standards. Japan and The World Economy，11：135～149

Schmidt S，Kochan T. 1972. Interorganizational relationships：patterns and motivations. Administrat-iveScience Quarterly，22：220～234

Sergeant，Frenkel. 1998. Managing people in China：perceptions of expatriate managers. Journal of World Business，33（1）：17～34

Shapley L S，Shubik M. 1969. On market games. Journal of Economic Theory，1：9～25

Sim A B，Ali Y. 1998. Performance of international joint ventures from developing and developed countries：an empirical study in a developing country context. Journal of World Business，33（4）：33

Sim A B，Yunus A. 1998. Performance of international joint ventures from developing and developed countries：an empirical study in a developing country context. Journal of World Business，33（4）：116～118

Simiar F. 1983. Major causes of joint venture failure in the Middle East：the case of Iran. Management International Review，23（1）：58～68

Sing Keow Hoon-Halbauer. 1994. Management of Sino-foreign joint ventures. Lund：Lund University Press

Sing Keow Hoon-Halbauer. 1999. Managing relationships within Sino-Foreign joint ventures. Journal of World Business，34（4）：344～371

Smith E，Malina D，Lu Y. 1995. How culture-sensitive is HRM? management of human resources. International Journal of Human Resource Management，31（6）：31～59

Stern L，Sternthal B，Craig S. 1975. Strategies for managing interorganizational conflict：a laboratory paradigm. Journal of Applied Psychology，60：472～482

Thomas K. Conflict and conflict management. 1976. *In*：Dunnette M. Handbook of industrial and organizational psychology. Chicago，IL：Rand McNally

Tillman A. 1990. The influence of control and conflict on performance of Japanese-Thai joint ventures. Unpublished doctoral dissertation，Nova University

Tomlinson J W C. 1970. The joint venture process in international business：India and Pakistan. M. I. T. Press，Cambridge，MA

Van De Ven A，Walker G. 1984. The dynamics of interorganizational coordination. Administrative Science Quarterly，29（4）：598～621

Von Neumann J，Morgenstein. 1947. Theory of games and economic behavior. 2nd. Princeton，N. J：Princeton University Press

Walsh J P，Erping Wang，Xin K R. 1999. Same bed，different dreams：working relationships in Sino-American joint ventures. Journal of World Business，34（1）：84～93

Walton R，Dutton J. 1969. The management of interdepartmental conflict：a model and review. Administrative Science Quarterly，14（March）：73～84

Warner M. 1993. Human resource management "with Chinese characteristics". International Journal of Human Resource Management，4：45～65

Warner M. 2002. Managing China′s enterprise reforms：a new agenda for the 1990s. Journal of General Management，21（3）：1～18

West M W Jr. 1959. The jointly owned subsidiary. Harvard Business Review，37（4）：31～34，165～172

Whetten D. 1981. Interorganizational relations：a review of the field. Journal of Higher Education，52：1～28

White P. 1974. Intra- and interorganizational studies：do they require separate conceptualizations? Administrative Science Quarterly，19：107～152

Williamson O. 1985. The economic institutions of capitalism. New York：The Free Press

Ye Hongxin，Zhang Penzhu，Dean Tjosvold. 2001. Promote cooperative game through mechanism designing. Proceedings of ICM'2001. The 4th international Conference on Management，May Xi'an，China. China Higher Education Press and Springer-Verlag Berlin Heidelberg：106～109

Yin R. 1984. Case study research，design and methods. Newbury Park，CA：Sage Publications

Zhang Pengzhu，Ye Hongxin，Hou Guishen，et al. 2002. Prediction and controlling to dynamical evolution of group cooperative game based on member's characteristics and historical information. Working Paper

附　录

附录1　中外合资企业各合作方合作意愿度影响因素赋值问卷

填表人姓名：　　　　　　　　单位：

职务：

填表日期：　　　年　　月　　日

一　合作意愿度的影响因素及权重

您认为下列哪些因素对中外合资企业合作过程中各方合作意愿度（或者合作态度）的变化有比较明显的影响？请在下列各因素后的括号内选择影响程度：A为最高，依次递减，D为最低。

1. 政策完善程度（A、B、C、D）
2. 中方收益满意度（A、B、C、D）
3. 外方收益满意度（A、B、C、D）
4. 文化差异度（A、B、C、D）
5. 合作匹配度（A、B、C、D）
6. 合同完备率（A、B、C、D）
7. 中方谈判实力的变化程度（A、B、C、D）
8. 外方谈判实力的变化程度（A、B、C、D）

9. 中方母公司的国际合作经验（A、B、C、D）
10. 外方母公司的国际合作经验（A、B、C、D）
11. 市场容量及行业竞争程度（A、B、C、D）
12. 中方员工待遇与收入水平（A、B、C、D）
13. 外方员工待遇与收入水平（A、B、C、D）
14. 中方管理者素质状况（A、B、C、D）
15. 外方管理者素质状况（A、B、C、D）
16. 中方企业受传统体制的影响程度（A、B、C、D）

如果您认为还有其他未列出的影响因素，请列出这些因素并选择其影响程度。

二 政策完善度

请选择下列各类地区的政策完善度，取值范围为－1～1（－1为最低，1为最高）

1. 沿海开放大城市（省会、副省级以上城市）（　　）
2. 珠江三角洲地区和苏南地区（　　）
3. 中西部内陆地区大城市（省会城市）（　　）
4. 沿海地区中型城市（地级市）（　　）
5. 中西部内陆地区中型城市（地级市）（　　）
6. 沿海地区小城镇（县及县以下）（　　）
7. 中西部内陆地区小城镇（县及县以下）（　　）

您认为以上区域划分是否合理？如果有不合理之处，您认为应该进行什么样的调整？

从时间的角度考虑，1992年以前（含1992年）我国整体开放程度较低，各档次的政策完善程度减去 0.1，您认为这样是否合理?（合理、不合理）如果您认为不合理，请给我们建议。

三 各方收益满意度

请选择中外各方每年的合理利润率：

1. 中方每年的预期收益率为同期人民币贷款年利率再加（3%、5%、8%、10%、10%以上）的合理利润。

2. 外方每年的预期收益率为同期美元贷款年利率再加（3%、5%、8%、10%、10%以上）的合理利润。

四 文化差异度

中外合资各方的文化差异度分为高中低三档，分别为 1、0.5、0.25，请选择以下各类国家、地区之间的文化差异度：

1. 中国与欧美的差异度为（1、0.5、0.25）；

2. 中国与东亚、东南亚的差异度为（1、0.5、0.25）；

3. 中国内地与港澳台地区的差异度为（1、0.5、0.25）。

五 合作匹配度

您认为中外各方的综合谈判实力（主要指各方对合资企业的贡献能力）相差（越大、越小），则合资企业建立并健康发展的可能性更大。

六 合同完备率

在中外合资经营合同中，您认为以下条款中哪些是基础性的主要条款？（请在主要条款后面的括号内作出标示）：

1. 出资比例与出资方式；
2. 出资到位期限；
3. 股权比例安排；
4. 收益分配比例与分配方式及亏损和债务的负担；
5. 董事会组成原则以及决策方式；
6. 组织结构设置及员工待遇的确定原则；
7. 合资企业章程；
8. 主要管理人员的选派与更换原则；
9. 退出与合作中止条件；
10. 日常经营管理中重大问题的处理原则；
11. 其他（请详述）。

在考虑合同完备率时，您认为以上各主要条款的权重分别应该是：

七 中外各方谈判实力的变化程度

1. 在合作过程中，当某一合作方谈判实力出现很大提高时其变化程度应该是：

1、0.7、0.3、0、其他（请详述）。

2. 当某一合作方谈判实力出现较大提高时其变化程度应该是：

1、0.7、0.3、0、其他（请详述）。

3. 当某一合作方谈判实力出现较小提高时其变化程度应该是：

1、0.7、0.3、0、其他（请详述）。

4. 当某一合作方谈判实力没有明显变化时其变化程度应该是：

1、0.7、0.3、0、其他（请详述）。

5. 当某一合作方谈判实力出现严重下降时其变化程度应该是：

1、0.7、0.3、0、其他（请详述）。

6. 当某一合作方谈判实力出现较严重下降时其变化程度应该是：

1、0.7、0.3、0、其他（请详述）。

7. 当某一合作方谈判实力出现小幅降低时其变化程度应该是：

1、0.7、0.3、0、其他（请详述）。

八 各方母公司的国际合作经验

您认为中外合资各方合资前已经具备丰富的国际合作经验时，应该具备的国际合作经历应该是（20、15、10、9、8、7、6、5、4、3、2、1）次。

九 市场容量及行业竞争程度

1. 您认为合资企业所在行业产品供不应求时行业竞争度为

（1、0.9、0.8、0.7、0.6、0.5、0.4、0.3、0.2、0.1、0）。

2. 供求基本平衡时行业竞争度为

（1、0.9、0.8、0.7、0.6、0.5、0.4、0.3、0.2、0.1、0）。

3. 轻度供过于求时行业竞争度为

（1、0.9、0.8、0.7、0.6、0.5、0.4、0.3、0.2、0.1、0）。

4. 严重供过于求时行业竞争度为

（1、0.9、0.8、0.7、0.6、0.5、0.4、0.3、0.2、0.1、0）。

十 员工待遇与收入满意度

1. 合资企业员工对待遇与收入完全满意时，其待遇与收入水平一般高于本国同期、同行业、同类人员平均工资、待遇水平（1倍以上、50%以上、30%以上、15%以上、10%以上、5%以上、基本持平、低于平均水平5%以上、低于平均水平10%以上、低于平均水平15%以上、低于平均水平30%以上、低于平均水平50%以上、低于平均水平1倍以上）；

2. 合资企业员工对待遇与收入基本满意时，其待遇与收入水平一般高于本国同期、同行业、同类人员平均工资、待遇水平（1倍以上、50%以上、30%以上、15%以上、10%以上、5%以上、基本持平、低于平均水平5%以上、低于平均水平10%以上、低于平均水平15%以上、低于平均水平30%以上、低于平均水平50%以上、低于平均水平1倍以上）；

3. 合资企业员工对待遇与收入不太满意时，其待遇与收入水平一般高于本国同期、同行业、同类人员平均工资、待遇水平（1倍以上、50%以上、30%以上、15%以上、10%以上、5%以上、基本持平、低于平均水平5%以上、低于平均水平10%以上、低于平均水平15%以上、低于平均水平30%以上、低于平均水平50%以上、低于平均水平1倍以上）；

4. 合资企业员工对待遇与收入很不满意时，其待遇与收入水平一般高于本国同期、同行业、同类人员平均工资、待遇水平（1倍以上、50%以上、30%以上、15%以上、10%以上、5%以上、基本持平、低于平均水平5％以上、低于平均水平10％以上、低于平均水平15％以上、低于平均水平30％以上、低于平均水平50％以上、低于平均水平1倍以上）。

十一 中方管理者素质状况

（含敬业精神、决策水平、业务素质、管理水平等因素）

1. 在合资企业中，硕士以上学历且合资企业工作3年以上的中方管理者素质状况为（1为最高，0为最低）：

1、0.9、0.8、0.7、0.6、0.5、0.4、0.3、0.2、0.1、0；

2. 硕士以上学历且合资企业工作1～3年的中方管理者素质状况为：

1、0.9、0.8、0.7、0.6、0.5、0.4、0.3、0.2、0.1、0；

3. 硕士以上学历且合资企业工作1年以下的中方管理者素质状况为：

1、0.9、0.8、0.7、0.6、0.5、0.4、0.3、0.2、0.1、0；

4. 本科学历且合资企业工作3年以上的中方管理者素质状况为：

1、0.9、0.8、0.7、0.6、0.5、0.4、0.3、0.2、0.1、0；

5. 本科学历且合资企业工作1～3年的中方管理者素质状况为：

1、0.9、0.8、0.7、0.6、0.5、0.4、0.3、0.2、0.1、0；

6. 本科学历且合资企业工作1年以下的中方管理者素质状况为：

1、0.9、0.8、0.7、0.6、0.5、0.4、0.3、0.2、0.1、0；

7. 本科以下学历且合资企业工作3年以上的中方管理者素质状况为：

1、0.9、0.8、0.7、0.6、0.5、0.4、0.3、0.2、0.1、0；

8. 本科以下学历且合资企业工作1～3年的中方管理者素质状况为：

1、0.9、0.8、0.7、0.6、0.5、0.4、0.3、0.2、0.1、0；

9. 本科以下学历且合资企业工作 1 年以下的中方管理者素质状况为：

1、0.9、0.8、0.7、0.6、0.5、0.4、0.3、0.2、0.1、0。

十二 外方管理者素质状况

（含敬业精神、决策水平、业务素质、管理水平等）

1. 在合资企业中，硕士以上学历且国外工作 3 年以上的外方管理者素质状况为（1 为最高，0 为最低）：

1、0.9、0.8、0.7、0.6、0.5、0.4、0.3、0.2、0.1、0；

2. 硕士以上学历且国外工作 1～3 年的外方管理者素质状况为：

1、0.9、0.8、0.7、0.6、0.5、0.4、0.3、0.2、0.1、0；

3. 硕士以上学历且国外工作 1 年以下的外方管理者素质状况为：

1、0.9、0.8、0.7、0.6、0.5、0.4、0.3、0.2、0.1、0；

4. 本科学历且国外工作 3 年以上的外方管理者素质状况为：

1、0.9、0.8、0.7、0.6、0.5、0.4、0.3、0.2、0.1、0；

5. 本科学历且国外工作 1～3 年的外方管理者素质状况为：

1、0.9、0.8、0.7、0.6、0.5、0.4、0.3、0.2、0.1、0；

6. 本科学历且国外工作 1 年以下的外方管理者素质状况为：

1、0.9、0.8、0.7、0.6、0.5、0.4、0.3、0.2、0.1、0；

7. 本科以下学历且国外工作 3 年以上的外方管理者素质状况为：

1、0.9、0.8、0.7、0.6、0.5、0.4、0.3、0.2、0.1、0；

8. 本科以下学历且国外工作 1～3 年的外方管理者素质状况为：

1、0.9、0.8、0.7、0.6、0.5、0.4、0.3、0.2、0.1、0；

9. 本科以下学历且国外工作 1 年以下的外方管理者素质状况为：

1、0.9、0.8、0.7、0.6、0.5、0.4、0.3、0.2、0.1、0。

十三 中方企业受传统体制的影响程度

请选择以下几种性质的合资中方企业受传统计划经济影响的程度（1 为最高，0 为最低）：

1. 完全国有或集体所有的企业：

1、0.9、0.8、0.7、0.6、0.5、0.4、0.3、0.2、0.1、0；

2. 改制后国有股占控股地位的企业：

1、0.9、0.8、0.7、0.6、0.5、0.4、0.3、0.2、0.1、0；

3. 改制后国有股不占控股地位的企业：

1、0.9、0.8、0.7、0.6、0.5、0.4、0.3、0.2、0.1、0；

4. 改制后国有股完全退出的企业（国有企业的管理模式等方面仍有一些惯性影响）：

1、0.9、0.8、0.7、0.6、0.5、0.4、0.3、0.2、0.1、0；

5. 完全私有的企业：

1、0.9、0.8、0.7、0.6、0.5、0.4、0.3、0.2、0.1、0。

附录 2　中外合资企业合作冲突状况调查表

尊敬的先生、女士：我们的调查是一项纯研究性的活动，决不会对您本人及贵企业造成任何损害。非常感谢您的支持与合作。

企业名称：______________________

填表人姓名：____________ 职务或职称：____________

填表时间：________________

1. 合资企业成立于 ___________ 年。

（1）贵企业所属行业是：a. 制造业，b. 服务业，c. 种植、养殖业，d. 其他

（2）贵企业的主要产品有：

（3）贵企业的主要业务形式是否属对外加工装配业务？（是，否）。其中，对外加工装配业务在公司业务总量中所占的比重为 _____ %。

2. 合资企业成立时员工总数为 ____________ 人，现在为____________ 人。其中管理人员数量分别为____________ 人和___________ 人。

3. 合资企业的股权结构：

（1）合资企业成立时的注册资本总额为____________ 万元，投入资本总额为 万元；至填表时注册资本总额为____________ 万元，公司固定资产总额为____________ 万元。

（2）合资企业成立时各方出资比例为：中方____________________ 公司出资________ %，中方____________公司出资 ________ %；外方____________ 国的____________ 公司出资________ %，外方____________ 国________ 公司出资 ________%。

（3）在中方出资中，以现金形式的出资占 ______ %，以机器设备等实物形式出资的占 ______ %，以土地使用权、厂房出资占 _____ %；在外方出资中，以现金形式的出资占 ______ %，以机器设备等实物形式出资的占 ______ %，以商标权、专利权等无形资产出资占 ______ %。

（4）在企业设立的谈判中，哪一方有更强烈的控股要求？（a. 中

方，b. 外方）。如果双方都有控股要求，合资协议是如何达成的?

4. 中外各方合资动机及实现程度：

（1）中方的主要合资动机为：a. 获得资金，b. 获得先进技术或管理经验，c. 改善产品结构，d. 进入国际市场，e. 享受国家的优惠政策，f. 其他（如可能请详述）。

您认为中方合资动机的实现程度为：a. 完全实现，b. 基本实现，c. 基本未实现，d. 完全未实现。

（2）您认为外方的主要合资动机为：a. 进入中国市场，b. 传统产业向国外转移，c. 利用中国的廉价劳动力以降低成本，d. 转移污染产业，e. 享受中国的优惠政策，f. 其他（如可能请详述）。

您认为外方合资动机的实现程度为：a. 完全实现，b. 基本实现，c. 基本未实现，d. 完全未实现。

5. 合资企业的管理权：

（1）合资企业的董事长由：a. 中方＿＿＿＿＿＿＿＿＿＿公司担任，b. 外方＿＿＿＿＿＿＿公司担任。

（2）合资企业的总经理由：a. 中方＿＿＿＿＿＿＿＿＿＿公司担任，b. 外方＿＿＿＿＿＿＿＿＿＿公司担任，c. 各方轮流担任，d. 公开招聘。

（3）合资企业的副总经理由：a. 中方＿＿＿＿＿＿＿＿＿＿公司担任，b. 外方＿＿＿＿＿＿＿＿＿＿公司担任，c. 各方轮流担任，d. 公开招聘。

（4）贵公司的董事会由＿＿＿＿＿＿＿人组成；其中，中方＿＿＿＿＿＿＿人，外方＿＿＿＿＿＿＿人。

6.（1）您认为大多数中方员工对自己工资待遇的态度为：a. 满

意，b. 基本满意，c. 基本不满意，d. 很不满意。与本国同行业同类人员相比，贵公司员工的收入为：高出 ______ %，低出 ______ %。

(2) 您认为外方管理人员的工资待遇：a. 太高，b. 较高，c. 合理，d. 较低。

(3) 您认为贵企业管理人员流动率（主要指辞退或辞职人员的比率）：a. 很高，b. 较高，c. 正常，d. 较低。

大多数外方员工对自己工资待遇的态度为：a. 满意，b. 基本满意，c. 基本不满意，d. 很不满意。与外方母国同行业同类人员相比，贵公司外方员工的收入为：高出 ______ %，低出 ______ %。

7. (1) 您认为贵企业员工提拔的主要标准为：a. 业绩，b. 能力，c. 容易控制，d. 外界压力，e. 其他（如可能请详述）。

(2) 您认为在员工提拔方面中外各方管理人员的主要区别在于：

8. 您认为在对员工激励和惩罚方面中外各方管理人员的主要区别在于：

9. (1) 您认为在员工培训方面哪一个合作方更加重视？(a. 中方，b. 外方)

(2) 中方管理者在员工培训方面主要注重：a. 技能，b. 敬业精神，c. 合作意识与合作能力，d. 创新能力，e. 纪律与服从。

(3) 外方管理者在员工培训方面主要注重：a. 技能，b. 敬业精神，c. 合作意识与合作能力，d. 创新能力，e. 纪律与服从。

(4) 中方管理人员多数认为公司培训开支：a. 过大，b. 较大，c. 合理，d. 过低。

(5) 外方管理人员多数认为公司培训开支：a. 过大，b. 较大，c. 合理，d. 过低。

10. 如果贵企业外方没有以无形资产出资，可不填此项。

(1) 您认为外方作为投资的技术的先进程度为：a. 很先进，b. 较先进，c. 一般，d. 落后。

(2) 您认为外方作为投资的技术作价：a. 过高，b. 较高，c. 合理，d. 较低。

(3) 您认为合资企业成立之后的自主技术开发能力为：a. 很高，b. 较高，c. 一般，d. 较低，e. 很低。

(4) 您认为外方作为投资的商标使用权对合资企业的作用为：a. 很有效，b. 较有效，c. 一般，d. 无效。

11. 您认为中方员工对外方管理人员的管理风格的看法为：a. 认同，b. 较认同，c. 不认同。

12. (1) 外方管理者对公司处理与政府等外部关系方面所投入的精力和资金的看法为：a. 太多，b. 较多，c. 正常，d. 较低。

(2) 您认为中方管理者在投资等重大问题的决策方面主要考虑的因素有（请同时将首先考虑的因素用星号标出）：a. 公司近期发展目标的实现，b. 公司的长远发展，c. 母公司领导的意见，d. 自己的个人利益，e. 风险的大小。

(3) 您认为外方管理者在投资等重大问题的决策方面主要考虑的因素有（请同时将首先考虑的因素用星号标出）：a. 公司近期发展目标的实现，b. 公司的长远发展，c. 母公司领导的意见，d. 自己的个人利益，e. 风险的大小。

13. 您认为中方管理者与外方管理者最主要的区别是什么？

14. (1) 贵公司生产所用料件的主要来源为：a. 由外方负责进口，b. 由中方负责在国内采购，c. 由合资企业的采购部门独立采购。

(2) 中方管理人员大多认为由外方进口的料件价格为：a. 价格太高，b. 价格较高，c. 正常，d. 价格较低。

(3) 外方管理人员大多认为由中方在国内采购的料件价格为：a. 价格太高，b. 价格较高，c. 正常，d. 价格较低。

(4) 贵公司的产品外销比例为 ________%，内销比例为 ________%。其中，外销主要由哪一方负责？(a. 外方，b. 合资公司的独立销售机构)

15. 在合资企业的运营过程中，您认为中方与外方最主要的冲突表现在什么地方？

16. (1) 外方管理者对大多数中方管理者的合作情况评价为：a. 满意，b. 较满意，c. 较不满意，d. 不满意。

(2) 中方管理者对大多数外方管理者的合作情况评价为：a. 满意，b. 较满意，c. 较不满意，d. 不满意。

17. 合资企业的成本效益状况：

合资企业的成本效益状况

	合资企业成立第一年(________ 年)	1997 年	1998 年	1999 年
年销售额				
销售成本				
利润总额				
销售税金及附加				
工资总额				
福利总额				
中方所得利润数				
外方所得利润数				

18. 合资外方母公司的情况

(1) 与世界同行相比，合资外方母公司的经营规模为：a. 最大，b. 较大，c. 一般，d. 较小。

(2) 合资外方母公司的性质为：a. 跨国公司，b. 贸易公司，c. 综合商社。

(3) 与世界同行相比，合资外方母公司的行业地位和竞争能力为：a. 最好，b. 较好，c. 一般，d. 较差。

(4) 合资企业成立之前，外方母公司是否已经具有成功的国际合作经验？(没有，有)

如果外方母公司已经具有成功的国际合作经验，贵合资企业成立之时它已经建立跨国合资企业 ________ 家。

19. 合资中方母公司的情况

(1) 与世界同行相比，合资中方母公司的经营规模为：a. 最大，b. 较大，c. 一般，d. 较小。

(2) 合资中方母公司的性质为：a. 跨国公司，b. 贸易公司，c. 一般生产企业。

(3) 与世界同行相比，合资中方母公司的行业地位和竞争能力为：a. 最好，b. 较好，c. 一般，d. 较差。

(4) 合资企业成立之前，中方母公司是否已经具有成功的国际合作经验？(有，没有)

如果中方母公司已经具有成功的国际合作经验，贵合资企业成立之时它已经在国内建立合资企业 ________ 家。

(5) 合资中方母公司为：a. 国有企业，b. 集体企业，c. 股份有限公司，d. 私营企业，e. 其他（请详述）。

20. 您认为中方对合资企业的主要贡献在于：a. 新产品开发与

新技术应用，b. 营销网络建设与市场开发能力的增强，c. 管理水平的提高，d. 较好地处理与当地政府部门及其他有关企业的关系，e. 其他（请详述）。

您认为外方对合资企业的主要贡献在于：a. 新产品开发与新技术应用，b. 营销网络建设与市场开发能力的增强，c. 管理水平的提高，d. 较好地处理与当地政府部门及其他有关企业的关系，e. 其他（请详述）。

21. 如果贵合资企业经营状况良好，您认为哪一方的贡献更大?（中方，外方）；如果贵合资企业经营状况不好，您认为哪一方的责任更大?（中方，外方）；如果贵合资企业经营状况不好或者不够好，您认为其主要原因在于：（如可能，请详述）

22. 您认为对中方来讲，外方所能够提供的有效资源主要有：

中方对外方提供的有效资源的价值评估总量大约为 ________ 万美元。

对外方来讲，中方所能够提供的有效资源主要有：

外方对中方提供的有效资源的价值评估总量大约为 ________ 万美元。

23. 请选择以下哪些条款在贵合资企业的合资合同中已经具备：

a. 出资比例与出资方式；

b. 出资到位期限；

c. 股权比例安排；

d. 收益分配比例与分配方式及亏损和债务的负担；

e. 董事会组成原则以及决策方式；

f. 组织结构设置及员工待遇的确定原则；

g. 合资企业章程；

h. 主要管理人员的选派与更换原则；

i. 退出与合作中止条件；

j. 日常经营管理中重大问题的处理原则。

24. 您认为在贵合资企业各方合作过程中，中方谈判实力出现了哪些变化？（请注明主要变化发生的时间）：

外方谈判实力出现了哪些变化？（请注明主要变化发生的时间）：

25. 贵合资企业成立以来，所处行业的竞争情况发生了什么样的变化？请选择：供不应求、供求基本平衡、轻度供大于求、严重供大于求，并注明变化发生的时间。

26. 在贵公司历次合作冲突事件中，中外方的冲突损失与合作意愿度分别为（取值范围为－1～1，1为最高）：

第一次事件：冲突时间为________

中方损失为________合作意愿度为________

中方损失为________合作意愿度为________

第二次事件：冲突时间为________

中方损失为________合作意愿度为________

中方损失为________合作意愿度为________

第三次事件：冲突时间为________

中方损失为________合作意愿度为________

中方损失为________合作意愿度为________

第四次事件：冲突时间为________

中方损失为________合作意愿度为________

中方损失为________合作意愿度为________

附录 3　合作意愿度影响因素统计数据表

序号	A	B	C	D	E	F	G	H	I	J	K	L	M	N	O	P	Q	R	S
1				1										0.6		0.1	0.3	0.4	0.8
2		0.29	0.2													0.4	0.1	1	0.2
3		0.26	0.1													0.6	0.4	0.9	0.1
4												1		0.6		0.2	0.3	0.4	0.8
5				1								1		0.6		0.1	0.3	0.4	0.8
6				1										0.6		0	0.4	0.4	0.8
7					0.4	0.7		0.7								0	0.8	−0.8	1
8					0.4	0.7		0.7								0	0.8	−0.8	1
9		−0.9	−0.9		0.6	0.6									1	0.3	0.5	0.8	0.6
10			−0.9		0.6	0.6				1						0.2	0.3	0.6	0.3
11			−1.8		0.6											0.2	0.3	0.3	0.2
12			−1.8			0.6									1	0	0.2	0.1	0.5
13			−10.5		0.6	0.6										0.2	0.3	0.1	0.1
14			−10.5		0.6	0.6										0.1	0.1	0.1	0.1

续表

序号	A	B	C	D	E	F	G	H	I	J	K	L	M	N	O	P	Q	R	S
15			−12.7		0.6	0.6										0.1	0.1	0.1	0.1
16						0.8										0.1	0.4	0.5	0.6
17			−0.6		0.4							1		0.3		0	0.5	0.8	0.5
18			−3.2		0.4							1		0.3		0	0.4	0.2	−2
19			−5.3		0.4							1		0.3		0	0.4	−0.2	−0.5
20			−5.3		0.4								0.4			0	0.2	−0.8	−0.5
21			−4.7		0.4							1		0.3		0	0.2	−0.8	−0.8
22				1	0.3			0.7							1	0.4	0	0.5	0.8
23		−1.7	−1.8		0.3											0.2	0.1	0.8	0.6
24				1									0.3		1	0.2	0	0.4	0.6
25		−1.9	−1.8										0.3		1	0.2	0.1	0.5	0.2
26	0.5			0.25							0.25					0	0.3	0.8	0.5
27					0.6					0.75						0.3	0.1	0.8	0.6
28		−1.8	−0.7		0.5					0.75						0.2	0.2	0.2	0
29			−0.5												1	0.2	0.3	0.3	0.3
30					0.6					1						0.1	0.4	0.2	0.1

续表

序号	A	B	C	D	E	F	G	H	I	J	K	L	M	N	O	P	Q	R	S
31					0.4				0				0.1		1	0.4	0.2	0.8	0.8
32													0.1		1	0.4	0.1	0.8	0.4
33			−2		0.4											0.1	0.3	0.1	0.1
34			0.4										0.3		1	0.5	0.2	1	0.7
35			0.2										0.3			0.3	0.3	0.6	0.4
36			0.2							1						0.4	0.2	0.7	0.8
37			−1.1							1						0.4	0.3	0.2	0.2
38			−1.1							1						0.3	0.2	0.1	0.1
39		−0.1	−1.1							1						0.3	0.2	0.1	0
40						0.6								0.5		0.4	0.3	0.8	0.7
41						0.6								0.5		0.4	0.3	0.8	0.7
42						0.6								0.5		0.4	0.3	0.8	0.7
43				0.5										0.5		0	0.1	1	0.9
44				0.5												0.2	0.1	1	1
45													0.4		1	0.4	0.3	0.6	0.8
46													0.4		1	0.4	0.3	0.6	0.8

续表

序号	A	B	C	D	E	F	G	H	I	J	K	L	M	N	O	P	Q	R	S
47													0.4		1	0.4	0.3	0.6	0.8
48	0.75														1	0.4	0.3	0.9	0.8
49				1									0.4			0.2	0.2	0.6	0.7
50			0.2													0.3	0.1	0.6	0.4
51				0.25									0.3		1	0.4	0	0.9	0.7
52	0.5														1	0.4	0.4	0.6	0.7
53															1	0.1	0	1	1
54				1										0.7		0.2	0.4	0.8	0.6
55			−0.2											0.6		0.2	0.4	0.6	0.4
56		−0.2		1										0.6		0.1	0.3	0.6	0.5
57						0.7								0.4		0.6	0.8	0.7	0.8
58									0.1				0.4		1	0.2	0.2	0.8	0.9
59				1									0.4		1	0.3	0.3	0.7	0.8
60				1									0.4		1	0.3	0.3	0.7	0.8
61						0.7										0.2	0.2	0.4	0.4
62						0.7										0.2	0.2	0.6	0.4

续表

序号	A	B	C	D	E	F	G	H	I	J	K	L	M	N	O	P	Q	R	S
63					0.7		0.7									0.1	0.1	0.4	0.2
64													0.4			0.2	0.3	0.8	0.9
65	0.5															0.1	0	0.9	1
66				1									0.1			0.1	0	0.9	1
67														0.6		0	0.1	1	1
68				1		0.7							0.1			0.2	0.4	0.8	0.6
69				1		0.7							0.1			0.2	0.4	0.8	0.6
70				1		0.7							0.1			0.2	0.4	0.8	0.6
71													0.3			0	0	1	1
72												1				0.1	0.2	0.8	0.7
73											0.5					0	0.2	0.8	0.5
74	0.75															0.2	0.3	0.8	0.9
75	0.75					0.6										0.1	0.2	0.7	0.8
76						0.7										0.2	0.2	0.5	0.4
77						0.7										0	0.2	0	0
78	0.5	−0.8								1					1	0.1	0.2	0.3	0.6

续表

序号	A	B	C	D	E	F	G	H	I	J	K	L	M	N	O	P	Q	R	S
79						0.8										0	0.2	0.7	0.9
80						0.8								0.5		0.2	0.4	0.7	0.7
81				1										0.5		0.2	0.2	0.6	0.6
82						0.8								0.5		0.2	0.4	0.7	0.7
83				1		0.8										0.1	0.1	0.6	0.6
84						0.6							0.3		1	0.3	0.1	0.8	0.9
85						0.8	0.3									0.3	0.1	0.9	0.8
86		−0.8	−0.8							1						0.2	0.1	0.5	0.4
87						0.7							0.5			0.3	0.3	0.3	0.4
88													0.6		0.75	0.2	0.2	0.9	0.8
89														0.4		0	0.1	1	1
90													0.4			0.1	0	1	1
91														0.4		0	0.1	1	1
92				0.25										0.4		0.1	0.2	0.9	1
93														0.4		0	0.1	1	1
94															1	0.1	0.1	1	0.9

续表

序号	A	B	C	D	E	F	G	H	I	J	K	L	M	N	O	P	Q	R	S
95													0.6			0.1	0	0.9	0.9
96									0.2	1						0.2	0.3	0.3	0.4
97						0.7	0.3									0.4	0.1	0.3	0.7
98				1												0.5	0.5	0.5	0.8
99					0.4	0.6	0.3									0.4	0.3	0.8	0.6
100					0.4	0.6										0.5	0	0	0.3
101				1		0.7										0.2	0.5	0.5	0.5
102	0.65					0.6										0.6	0.5	0.6	0.7
103	0.65					0.6			0							0.5	0.2	0.4	0.7
104						0.6			0					0.3		0.8	0.4	0.6	0.6
105						0.6								0.3		0.1	0.5	0.4	0.4
106						0.5			0				0.3	0.3		0.4	0.1	0.6	0.4
107						0.5			0				0.3	0.3		0.4	0.1	0.6	0.4
108						0.5			0				0.3	0.3		0.4	0.1	0.6	0.4
109				1										0.5		0.1	0.3	0.9	0.9
110			0.3							0.75						0.3	0.3	1	0.8

续表

序号	A	B	C	D	E	F	G	H	I	J	K	L	M	N	O	P	Q	R	S
111			−0.7							1						0.3	0.3	0.6	0.7
112		−0.5	−0.7							1				0.4		0.2	0.3	0.6	0.6
113						0.7							0.6			0.2	0.3	0.7	0.9
114					0.6			0.3								0.1	0.4	0	0.9
115					0.6	0.7		0.3								0	0.2	0	0.8
116														0.1	1	0.2	0.2	0.7	0.8
117						0.7	0.3									0.6	0.1	0.6	0.7
118			−0.9													0.5	0.4	0.9	0.8
119						0.7						1				0.2	0.2	0.5	0.5
120	0.25														1	0.2	0.2	0.2	0
121		−0.2				0.7										0.3	0.3	0.7	0.6
122						0.7			0					0.5	1	0.2	0.1	0.6	0.4
123						0.7	0.3		0							0.4	0.1	0.4	0.2
124				1									0.4		1	0.2	0.2	1	1
125				1									0.4			0.5	0.2	1	1
126				1										0.5		0	0.2	0.8	0.9

续表

序号	A	B	C	D	E	F	G	H	I	J	K	L	M	N	O	P	Q	R	S
127							1									0	0.1	0	1
128							1									0.1	0	0.2	1
129							1									0	0.1	0.9	1
130				1		0.8						0.75				0.2	0.2	0.8	0.8
131						0.7							0.5			0.5	0.2	0.6	0.8
132		0.3														0.4	0.4	0.6	0.7
133				1						1			0.5			0.2	0.2	0.8	0.8
134													0.5		1	0.4	0.2	0.7	0.9
135													0.5		1	0.4	0.2	0.7	0.8
136						0.6				1			0.4			0.3	0.2	0.9	0.9
137	0.75															0.2	0	0.8	0.8
138	0.75					0.7										0.2	0.6	0.7	0.9
139	0.75	0.2														0.2	0.3	0.4	0.3
140				0.25									0.6			0.3	0.1	0.4	0.3
141	0.75				0.7	0.6				1						0.2	0.2	1	1
142	0.75															0.3	0.1	1	0.9

续表

序号	A	B	C	D	E	F	G	H	I	J	K	L	M	N	O	P	Q	R	S
143	0.75						0.3									0.3	0.2	1	0.9
144													0.5		1	0.1	0	1	0.6
145				1										0.6		0.1	0.2	0.8	0.9
146	0.75															0.2	0.1	0.8	0.9
147													0.4		0.75	0.3	0.2	0.8	0.6
148													0.4		0.75	0.3	0.2	0.8	0.6

注：A. 政策完善程度　B. 中方收益满意度　C. 外方收益满意度　D. 文化差异度　E. 合作匹配度　F. 合同完备率　G. 中方谈判实力的变化程度　H. 外方谈判实力的变化程度　I. 中方母公司的国际合作经验　J. 行业竞争度　K. 中方员工待遇与收入满意度　L. 外方员工待遇与收入满意度　M. 中方管理者素质状况　N. 外方管理者素质状况　O. 中方企业受传统体制影响的程度　P. 中方冲突损失　Q. 外方冲突损失　R. 中方合作意愿度　S. 外方合作意愿度

附录 4　对中外合资企业冲突防范对策与冲突管理措施的有效性进行评价的专家情况

序号	姓名	单位	职务
1	杨　岱	青岛中大集团	副总经理
2	张代铭	山东新华医药集团	副总经理
3	于忠章	平度滑石矿	董事长
4	周继业	青岛泡花碱厂	副厂长
5	赵敬秋	青岛仲达化纤有限公司	副总经理
6	廖鲁斌	青岛联昊化工制品有限公司	董事长
7	王军志	美国达吉公司	总经理
8	仇方翱	青岛博信铝业公司	副总经理
9	韩立民	青岛市外经局	副局长
10	姚　新	青岛市外经局法规处	处长
11	王　滨	青岛印刷股份有限公司	副总经理
12	陈迎奎	青岛天丰造纸有限公司	副总经理
13	徐必泉	青岛光华玻璃有限公司	副总经理
14	陈光磊	青岛益青机械有限公司	工会主席
15	王世华	青岛益青出租汽车有限公司	董事长、总经理
16	隋　刚	青岛东启工业公司	副总经理
17	唐作义	青岛锻压机械集团公司	副总经理
18	董传音	青岛第一仪器有限公司	总经理办主任
19	赵国辉	青岛德风堡大酒店	总经理
20	朱　虎	青岛物华集团股份有限公司	总会计师
21	周志娟	青岛啤酒股份有限公司	四厂总工程师
22	孙家春	青岛环海有机化工制品公司	副总经理
23	刘天利	青岛碱业股份有限公司	副总经理

续表

序号	姓名	单位	职务
24	王超英	青岛碱业股份有限公司运输公司	经理
25	史修章	青岛橡胶制品有限公司	董事长
26	胡志泓	青岛金梦园连锁经营总公司	总经理助理
27	张荣建	青岛惠中粮油食品有限公司	副总经理
28	纪德信	青纺联集团六棉有限公司	副总经理
29	张惠访	青岛第四印染股份有限公司	副总经理
30	侯美华	青岛商业机械总公司	副总经理

“中国软科学研究丛书”第一批书目

区域技术标准创新——北京地区实证研究	46.00
中外合资企业合作冲突防范管理	40.00
可持续发展中的科技创新——滨海新区实证研究	42.00
中国汽车产业自主创新战略	50.00
区域金融可持续发展论——基于制度的视角	45.00
中国科技力量布局分析与优化	50.00
促进老龄产业发展的机制和政策	45.00
政府科技投入与企业 R&D——实证研究与政策选择	55.00
沿海开放城市信息化带动工业化战略	58.00